KB082718

The 바른 터키어 Türkçe

1 STEP

전고운 지음

ECK Books

New
The바른 Türkçe
터키어 STEP 1

초 판 인 쇄	2016년 11월 15일
2 판 2 쇄	2023년 2월 28일

지 은 이	전고운
펴 낸 이	임승빈
편 집 책 임	정유항, 김하진
편 집 진 행	이승연
디 자 인	다원기획
마 케 팅	염경용, 이동민, 이서빈

펴 낸 곳	ECK북스
주 소	서울시 마포구 창전로2길 27 [04098]
대 표 전 화	02-733-9950
홈 페 이 지	www.eckbooks.kr
이 메 일	eck@eckedu.com
등 록 번 호	제 2020-000303호
등 록 일 자	2000. 2. 15

I S B N	978-89-92281-83-6
정 가	15,000원

New

The바른 Türkçe

터키어

1
STEP

ECK Books

머리말

형제의 나라, 유럽과 아시아의 연결 고리, 동서양의 교차로, 동서양의 박물관 … 튀르키예를 수식하는 표현들 가운데 어느 하나 아름답지 않고 의미 깊지 않은 것이 없습니다. 역사, 문화, 종교 그 어떤 측면에서도 튀르키예가 위치해 있는 소아시아 반도의 의미는 무척이나 크고 또 깊기 때문입니다.

과거 로마 제국과 비잔틴 제국, 셀주크 제국, 오스만 제국 등이 세워졌던 영화로운 소아시아 반도에는 찬란한 역사와 문화의 흔적들이 곳곳에 남아 그야말로 하나의 거대한 야외 박물관처럼 느껴집니다. 이와 같은 이유로 튀르키예는 세계적인 관광 국가 중 하나입니다. 튀르키예를 찾는 수많은 여행객들은 튀르키예 곳곳에 녹아 있는 고유의 역사와 문화, 튀르키예인들의 소박하지만 따뜻한 인간애를 느낄 수 있으며 전통과 현대가 함께 독특한 형태로 공존하는 튀르키예 특유의 삶의 방식 또한 체험할 수 있습니다. 뿐만 아니라 북쪽으로는 흑해, 남쪽으로는 지중해, 서쪽으로는 에게해와 맞닿아 있는 튀르키예의 여러 도시들은 아름다운 풍경이 장관을 이루고, 세계 3대 음식에 속하는 풍미 깊은 튀르키예 음식은 여행객들의 눈과 입 모두를 즐겁게 해줍니다.

터키어는 한국어와 같이 알타이어계에 속하는 언어로서 한국어와 유사한 점이 무척 많습니다. 먼저 두 언어는 '주어-목적어-서술어'로 어순이 동일하며 조사, 후치사 체계 등 여타 문법적인 측면에서도 많은 유사성을 보입니다. 뿐만 아니라 터키어에는 별도의 성조 체계가 없기 때문에 성조에 따라 단어의 의미가 달라지는 경우가 없어 학습이 용이하고, 알파벳 역시 몇 자의 변형자를 제외하고는 기본 로마자를 사용하기 때문에 별도로 알파벳을 암기해야 하는 수고를 덜어줍니다. 이와 같은 이유들로 터키어는 '한국인이 가장 배우기 쉬운 외국어'라고 일컬어지기도 합니다.

또한 터키어는 튀르키예뿐만 아니라 아제르바이잔, 투르크메니스탄, 우즈베키스탄 등 여러 중앙아시아 국가의 언어들과도 그 뿌리가 밀접하게 맞닿아 있기 때문에 터키어 이외의 다양한 중앙아시아 언어를 학습하는 데 있어서도 터키어 학습은 큰 무기가 될 수 있습니다.

물론 어순이 동일하고 문법 체계가 유사하다고 해서 모든 언어가 배우기 쉬운 언어가 되는 것은 아닙니다. 터키어도 역시 예외는 아닙니다. 아무리 터키어가 한국어와 어순이 같고 여러 문법 체계가 비슷하다 할지라도 터키어에 존재하는 모음조화와 자음조화, 인칭어미, 초월시제 등은 현대 한국어에는 없는 문법 사항들이므로 터키어 학습을 어렵게 만드는 요소가 될 수 있기 때문입니다.

이와 같은 까닭으로 본 교재는 터키어와 한국어 사이의 유사성을 바탕으로 학습자의 이해도를 높이고, 두 언어 간의 차이점은 충분한 예문과 설명을 통해 낯선 문법 사항이라도 친숙하게 전달될 수 있도록 구성되었습니다.

아울러 이 교재는 회화와 문법에 균일한 비중을 두어 회화 없는 문법, 문법 없는 회화로 인한 외국어 학습의 한계를 최소화시키고자 했고, 튀르키예의 다양한 문화, 음식, 풍습 등도 소개하여 튀르키예에 대한 학습자들의 관심 폭을 확대시키고자 했습니다. 또한 각 본문 내용을 튀르키예인의 음성으로 녹음하여 학습자가 원어민의 실제 음성을 들으며 언어를 학습할 수 있도록 하였으며 이를 통해 터키어 발음을 올바르게 익히는 데에도 도움이 될 수 있도록 했습니다.

끝으로 교재 출판의 기회를 주신 ECK교육 임승빈 실장님께 감사의 말씀을 전합니다. 아울러 교재 편집에 힘써주신 강미정 실장님과 임선아 매니저님, 강의 촬영을 위해 노력해주신 하나래 매니저님과 김은솔 매니저님께도 깊이 감사드립니다. 교재 집필에 도움을 준 Zeynep UZUN과 Cihad KUBAT에게도 감사 인사를 전합니다. 존재가 곧 의미가 되어주는 가족들과 정성준님에게도 마음 깊이 감사드립니다.

전 고 운

Contents

이 책의 구성과 특징

터키어를 처음 접하는 학습자들이 최대한 쉽고 효율적으로 다가갈 수 있도록 학습 순서를 고안했습니다. 각 과는 순차적으로 학습할 수 있도록 6가지 코너로 구성되어 있어서 교재를 따라서 꾸준한 학습을 하면 어느새 기초를 마스터할 수 있습니다.

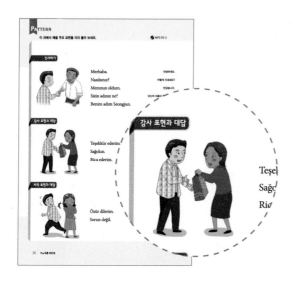

Pattern

각 과에서 새로 배울 주요 표현 및 문법 사항을 미리 들어보는 코너입니다. 딱딱한 문법 등을 문자로 학습하기 전에 반복해서 귀로 듣기만 하면서 말소리 자체에 익숙해지는 단계입니다.

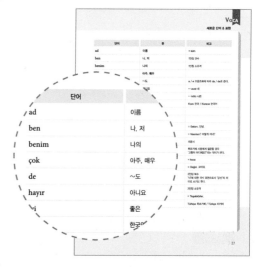

Voca

새로 나오는 단어와 표현을 풀이한 코너입니다. 뜻 풀이뿐만 아니라 동의어, 반의어, 문법 사항, 기타 참고 사항 등을 함께 보여줘 단순 암기가 아니라 제대로 이해할 수 있도록 정리했습니다.

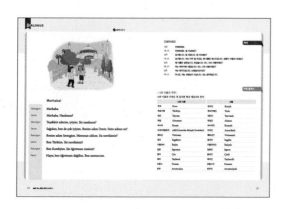

Dialogue

본문 회화문 코너입니다. 녹음을 들으면서 상황에 맞는 대화문과 해석을 함께 볼 수 있습니다. 〈어휘 플러스〉 코너에는 미처 다루지 못한 어휘, 표현 관련 자료가 있습니다.

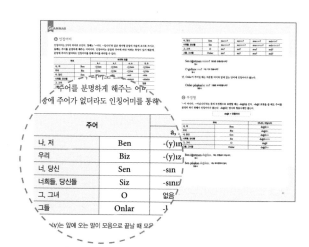

Grammar

본문 속에 나오는 주요 문법 사항과 함께 알아야 할 사항들을 자세히 정리했습니다. 확실하게 이해할 수 있도록 가능한 한 많은 예문을 제시했습니다.

Exercise

학습자가 직접 문제를 풀면서 복습을 하는 코너입니다. 듣기, 쓰기, 문법, 말하기 등 영역별로 골고루 문제를 접할 수 있도록 했습니다.

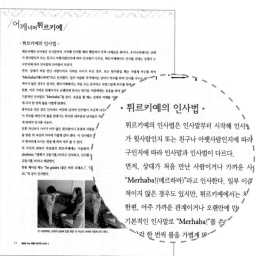

어깨너머튀르키예

외국어를 학습한다는 것은 그 나라의 말과 문자를 배우는 것이지만, 문화 또한 잘 알고 있어야 합니다. 그들의 말하는 습관과 생활 습관을 알면 쉽게 다가갈 수 있을 것입니다.

튀르키예와 문자, 언어!

Ⓐ 튀르키예 Türkiye

우리에게 '형제의 나라'로 익숙한 튀르키예*는 아시아 대륙과 유럽 대륙에 걸쳐 있어서 '동서양의 교차로', '동서양의 박물관' 등으로 불리는 신비롭고도 아름다운 나라이다. 유구한 역사와 독특한 문화를 자랑하는 튀르키예는, 신석기 시대부터 시작해 히타이트, 로마 제국, 오스만 제국에 이르기까지 수많은 제국들의 터전이었다. 때문에 튀르키예 곳곳에는 역사적·문화적으로 뛰어난 유적이 많이 있고 튀르키예 대륙을 터전 삼았던 수많은 민족과 제국들의 찬란한 흔적이 고스란히 남아 있다.

튀르키예의 수도는 앙카라(Ankara)이며 국교가 정해져 있지는 않으나 국민의 97%가 이슬람교를 믿는 무슬림이다. 인구는 약 8,000만 명이며 국토 면적은 한반도의 3.5배 정도이다. 화폐는 튀르키예 화폐 단위인 리라(lira/TL)를 사용한다.

튀르키예의 공용어는 터키어(Türkçe)**이다. 예전에는 터키어가 아랍어로 표기되었다가, 제1차 세계 대전으로 오스만 제국이 몰락한 뒤 새롭게 튀르키예 공화국을 세운 무스타파 케말 아타튀르크(Mustafa Kemal ATATÜRK)에 의해 로마자로 표기되도록 변경되었다.

* 2022년에 '터키인의 땅'이라는 의미의 '튀르키예'(Turkiye)로 국호를 변경하였다.
** 국호 변경에 따라 '튀르키예어'로 명칭이 변경될 가능성이 있지만, 현재 기준 공식 표기는 '터키어'이다.

튀르키예 지도

B 터키어 Türkçe

터키어와 한국어가 같은 어족에 속하는지 아닌지에 대해서는 여전히 논란이 많다. 터키어와 한국어를 같은 알타이어족에 속하는 언어로 보는 학자들이 있고, 알타이어족 가운데서도 우랄 알타이어족에 속하는 언어로 보는 학자들이 있다. 또는 터키어와 한국어를 동일한 어족에 속하는 언어로 보지 않고, 전혀 별개의 언어로 보는 학자들도 있다. 그러나 터키어와 한국어 문법 체계의 유사성을 들여다보면, 두 언어가 서로 얼마나 밀접한 위치에 있는지를 부정할 수 없게 된다.

터키어는 8개의 모음과 21개의 자음으로 총 29개의 알파벳을 갖는다. 터키어 알파벳은 몇 개의 변형 로마자를 제외한 나머지 글자들이 영어 알파벳과 동일하기 때문에 우리에게 무척 친숙하다. 변형 로마자들 역시 표기가 복잡하거나 발음이 어렵지 않으므로 쉽게 배울 수 있다.

먼저 한국어와 터키어는 '주어-목적어-서술어'의 구성을 따르는 문장의 순서, 즉 어순이 동일하다.

따라서 자연히 후치사가 발달되어 있고 형용사의 명사 수식 체계, 문장 내 동사의 중요성 등 거의 모든 문법적 측면이 한국어와 비슷하다. 뿐만 아니라 터키어는 모음조화 및 자음조화가 발달되어 있고 성별에 따른 조사 및 단어의 쓰임이 바뀌지 않기 때문에 학습자가 배우기 쉬운 언어 가운데 하나이다. 마치 수학 공식처럼 정형화된 터키어의 문법은 규칙이 거의 예외 없이 지켜지기 때문에 터키어를 배우는 학습자들이 익히기에 부담이 적다. 무엇보다 터키어는 한국어와 어순이 같기 때문에 한국인들이 배우기에 비교적 쉬운 외국어라고 할 수 있다.

(주어)	(목적어)	(서술어)
나는	당신을	사랑한다.
↓	↓	↓
Ben	seni	seviyorum.
벤	쎄니	쎄비요룸

(주어)	(조사)	(조사)	(서술어)
나는	친구와 함께	학교에	간다.
↓	↓	↓	↓
Ben	arkadaşımla	okula	gidiyorum.
벤	아르카다슴라	오쿨라	기디요룸

(주어)	(부사)	(목적어)	(서술어)
나는	오늘	옷을	살 거야.
↓	↓	↓	↓
Ben	bugün	kıyafet	alacağım.
벤	부균	크야펫	알라자음

ⓒ 터키어의 알파벳과 발음

MP3 **01-0**

■ **알파벳** Türk Alfabesi

알파벳	한글 발음	모음/자음	알파벳	한글 발음	모음/자음
A a	아	모음	M m	메	자음
B b	베	자음	N n	네	자음
C c	제	자음	O o	오	모음
Ç ç	체	자음	Ö ö	외	모음
D d	데	자음	P p	페	자음
E e	에	모음	R r	레	자음
F f	풰	자음	S s	쎄	자음
G g	게	자음	Ş ş	셰	자음
Ğ ğ	유무삭 게 (장음)	자음	T t	테	자음
H h	헤	자음	U u	우	모음
I ı	으	모음	Ü ü	위	모음
İ i	이	모음	V v	풰/웨(a, ı, o, u앞에서)	자음
J j	줴	자음	Y y	예	자음
K k	케	자음	Z z	제	자음
L l	레	자음			

anne 어머니	**baba** 아버지	**cam** 유리	**çay** 차
dede 할아버지	**et** 고기	**fincan** 찻잔	**gece** 밤

yağmur 비	**hediye** 선물	**ızgara** 석쇠	**ip** 줄, 끈
jet 제트기	**kedi** 고양이	**lira** 리라(튀르키예 화폐)	**mum** 양초
nar 석류	**okul** 학교	**öğrenci** 학생	**pencere** 창문
resim 그림	**sinek** 파리	**şarkıcı** 가수	**top** 공
uçak 비행기	**üniversite** 대학교	**valiz** 짐 가방	**yelpaze** 부채
zürafa 기린			

■ 발음

1. 모음 (8개)

A a	한국어의 모음 [ㅏ]와 비슷하다.		
	abla 언니, 누나	araba 자동차	at 말
E e	한국어의 모음 [ㅔ]와 비슷하다.		
	el 손	elma 사과	ev 집
I ı	한국어의 모음 [ㅡ]와 비슷하다.		
	Irak 이라크	ısırmak 물다	kız 여자, 소녀
İ i	한국어의 모음 [ㅣ]와 비슷하다.		
	insan 사람	izin 허락	ip 줄, 끈
O o	한국어의 모음 [ㅗ]와 비슷하다.		
	oda 방	okul 학교	ot 풀, 잔디
Ö ö	한국어에는 없는 발음으로, 입 모양을 [ㅗ]로 만든 상태에서 [ㅔ] 소리를 내며 발음한다.		
	öğrenci 학생	öğretmen 선생님	öyle 그렇게
U u	한국어의 모음 [ㅜ]와 비슷하다.		
	un 밀가루	utangaç 부끄러운	uzun 긴
Ü ü	한국어에는 없는 발음으로, 입 모양을 [ㅜ]로 만든 상태에서 [ㅣ] 소리를 내며 발음한다.		
	ünlü 유명한	üzüm 포도	ülke 나라

2. 자음 (21개)

B b	한국어의 자음 [ㅂ]과 비슷하다.		
	bal 꿀	bu 이, 이것	ben 나
C c	한국어의 자음 [ㅈ]과 비슷하다.		
	cuma 금요일	cep 주머니	can 생명
Ç ç	한국어의 자음 [ㅊ]과 비슷하다.		
	Çin 중국	çubuk 젓가락	çatal 포크
D d	한국어의 자음 [ㄷ]과 비슷하다.		
	dil 언어	din 종교	dün 어제
F f	영어의 [f]와 동일한 발음이다.		
	futbol 축구	fakir 가난한	film 영화
G g	한국어의 자음 [ㄱ]과 비슷하다.		
	gül 장미	gazete 신문	garip 이상한

Ğ ğ	글자의 소리는 없고, 앞의 모음을 장음화시키는 역할을 한다. yağmur 비 ağaç 나무 Ağustos 8월
H h	한국어의 자음 [ㅎ]과 비슷하다. hediye 선물 hala 고모 hesap 계산
J j	한국어의 자음 [ㅈ]을 조금 굴리듯이 발음한다. 대부분 외래어 단어에 쓰인다. Japonya 일본 Japonca 일본어 jet 제트기
K k	한국어의 자음 [ㅋ]과 비슷하다. Korece 한국어 köpek 개 kol 팔
L l	영어의 [l]과 동일한 발음이다. 한국어의 자음 [ㄹ]과 비슷하다. limon 레몬 lahana 양배추 lale 튤립
M m	한국어의 자음 [ㅁ]과 비슷하다. maymun 원숭이 mor 보라 muz 바나나
N n	한국어의 자음 [ㄴ]과 비슷하다. ne 무엇 nar 석류 nokta 점
P p	한국어의 자음 [ㅍ]과 비슷하다. pembe 분홍 puan 점수 para 돈
R r	한국어의 자음 [ㄹ]과 비슷하다. ruh 영혼 raf 선반 reddetmek 거절하다
S s	한국어의 자음 [ㅆ]과 비슷하다. Seul 서울 saf 순진한 serin 시원한
Ş ş	한국어의 [샤, 쇼, 슈, 쉐] 등에 해당하는 발음이다. Şerefe! 건배! şimdi 지금 şans 행운
T t	한국어의 자음 [ㅌ]과 비슷하다. Türkiye 튀르키예 tarak 빗 tembel 게으른
V v	영어의 [v]와 동일한 발음이다. vurmak 때리다 voleybol 배구 vicdan 양심
Y y	한국어의 [ㅑ, ㅠ, ㅛ] 등에 해당하는 발음이다. yıldız 별 yan 옆 yavaş 천천히
Z z	영어의 [z]와 동일한 발음이다. zengin 부자 zor 어려운 zil 벨

ⓓ 터키어의 문법과 표기법

■ 모음조화와 자음조화

터키어를 학습하는 데 있어서 가장 핵심적인 문법 규칙은 모음조화와 자음조화이다. 특히 모음조화는 문법을 떠나 터키어를 읽고 쓰는 데 있어서 가장 기본적이고 중요한 내용이기 때문에 꼼꼼하게 숙지해야 한다.

1. 모음조화

터키어에서 8개의 모음(a / ı / o / u / e / i / ö / ü)이 서로의 성질에 맞게 조화를 이루는 것을 모음조화라고 한다. 모음조화에는 2가지 종류가 있다.

⑴ a / e 모음조화

a 그룹	e 그룹
a, ı, o, u	e, i, ö, ü

8개 모음을 a / e 모음조화에 따라 나눌 때는 2개 그룹으로 나눈다. 터키어의 복수형 어미는 -lar / -ler로 나누어지는데, 어미 앞에 오는 단어의 마지막 모음이 a / ı / o / u 중 하나로 끝나면 -lar가 붙고, e / i / ö / ü 중 하나로 끝나면 -ler가 붙는다.

araba 자동차 → arabalar 자동차들

anne 엄마, 어머니 → anneler 엄마들, 어머니들

⑵ ı / i / u / ü 모음조화

ı 그룹	i 그룹	u 그룹	ü 그룹
a, ı	e, i	o, u	ö, ü

8개 모음을 ı / i / u / ü 모음조화에 따라 나눌 때는 4개 그룹으로 나눈다. 터키어의 의문형 어미는 mı / mi / mu / mü로 나누어지는데, 어미 앞에 오는 단어의 마지막 모음이 a / ı 중 하나일 때는 mı가 붙고, e / i 중 하나일 때는 mi가 붙고, o / u 중 하나일 때는 mu가 붙고, ö / ü 중 하나일 때는 mü가 붙는다.

araba 자동차 → araba mı? 자동차입니까?

anne 어머니 → anne mi? 어머니입니까?

tuz 소금	→	tuz mu? 소금입니까?
Türk 튀르키예 사람	→	Türk mü? 튀르키예 사람입니까?

2. 자음조화

자음 중 ç / k / p / t로 끝나는 단어에 모음으로 시작하는 조사가 붙으면, 이 자음들이 각각 c / ğ / b / d 로 바뀌는 것을 자음조화라고 한다.

ç		c
k	→	ğ
p		b
t		d

ç / k / p / t로 끝나는 단어 뒤에 모음인 목적격 조사(ı / i / u / ü)가 붙으면,

çiçek 꽃 + i ~을	→	çiçeği 꽃을
kitap 책 + ı ~을	→	kitabı 책을

■ 인칭어미

터키어에는 '인칭어미'라는 문법적 특징이 있다. 이 인칭어미는 6가지 인칭대명사 ben(나), biz(우리), sen(너), siz(너희들/당신들), o(그/그녀), onlar(그들/그녀들) 등에 따라 각각의 어미를 갖는다. 단, 이 중에서 3인칭 단수 o에는 별도의 인칭어미가 붙지 않으므로 이것이 기본형이 된다.

즉, 한국어의 '~이다, ~입니다'는 주어와 관계없이 형태가 똑같지만, 터키어는 주어가 무엇인지에 따라서 인칭어미가 다르게 붙기 때문에 '~이다, ~입니다'의 형태 또한 달라진다.

명사 doktor(의사)를 사용해 문장을 만들어 보면,

(주어)는 의사입니다.

Ben doktorum. 나는 의사입니다.

Biz doktoruz. 우리는 의사입니다.

Sen doktorsun. 당신은 의사입니다.

Siz doktorsunuz. 당신들은 의사입니다.

O doktor. 그는 의사입니다. (인칭어미 없음. 기본형)

Onlar doktorlar. 그들은 의사입니다.

동사 almak(사다)를 사용해 문장을 만들면,

(주어)는 삽니다.

Ben alıyorum. 나는 삽니다.

Biz alıyoruz. 우리는 삽니다.

Sen alıyorsun. 당신은 삽니다.

Siz alıyorsunuz. 당신들은 삽니다.

O alıyor. 그는 삽니다. (인칭어미 없음. 기본형)

Onlar alıyorlar. 그들은 삽니다.

인칭대명사의 소유격이 사용될 때도 인칭어미가 붙고, 그 형태 또한 인칭대명사가 무엇인지에 따라서 달라진다.

명사 baba(아버지)를 사용해 말할 때는,

(주어)의 아버지

Benim babam 나의 아버지

Bizim babamız 우리의 아버지

Senin baban 당신의 아버지

Sizin babanız 당신들의 아버지

Onun babası 그의 아버지

Onların babası 그들의 아버지

Onların babaları 그녀들의 아버지들

■ 터키어의 센소리

터키어 자음 가운데에는 여덟 가지 센소리(ç / f / h / k / p / s / ş / t)가 있다. 만약 단어의 마지막 자음이 이 여덟 가지 센소리 가운데 하나이면, d로 시작하는 여러 가지 문법 어미들이 t로 바뀐다.

Sokakta kedi var. 거리에 고양이가 있다.

[참고] – '~에'를 뜻하는 처격조사 da가 ta로 바뀐다.

Sabahtan akşama kadar ders çalıştım. 아침부터 저녁까지 공부했다.

[참고] – '~로부터'를 뜻하는 탈격조사 dan이 tan으로 바뀐다.

■ 대문자의 표기법

터키어 문장을 쓸 때 대문자 표기 기준은 영어와 비슷하다.
영어와 마찬가지로 문장을 시작하는 단어의 첫 글자를 대문자로 표기한다.

Ben okula gidiyorum. 나는 학교에 간다.

Biz yemek yiyoruz. 우리는 밥을 먹는다.

Sen öğrencisin. 너는 학생이다.

또한, 나라 이름이나 민족, 언어, 고유명사 등은 문장 가운데에 위치하더라도 항상 대문자로 표기하여야 한다.

Türkiye 튀르키예   Kore 한국

Türk 튀르키예 사람   Koreli 한국 사람

Türkçe 터키어   Korece 한국어

İstanbul üniversitesi 이스탄불대학교

Kore üniversitesi 한국대학교

■ ≪ ' ≫기호(아포스트로피)의 표기

영어의 아포스트로피에 해당하는 ≪ ' ≫기호는, 고유명사에 목적격 조사(~을), 처격 조사(~에서), 여격 조사(~로), 탈격 조사(~로부터) 등이 붙을 때 사용된다.

İstanbul'u 이스탄불을   Kore'yi 한국을

İstanbul'da 이스탄불에서   Kore'de 한국에서

İstanbul'a 이스탄불로   Kore'ye 한국으로

İstanbul'dan 이스탄불로부터   Kore'den 한국으로부터

다만, 언어를 나타내는 말에 조사들이 붙을 때는 이 기호를 붙이지 않는다.

Koreceyi (O) 한국어를   Türkçeyi (O) 터키어를   İngilizceyi (O) 영어를

Korece'yi (X)   Türkçe'yi (X)   İngilizce'yi (X)

E 호칭

현지에서 그 나라 말을 사용하게 될 때 막상 단순한 호칭을 해야 할 때 당황해서 말이 나오지 않을 때가 있다. 나라마다 호칭하는 습관이 다르기 때문에 가장 기초적인 호칭을 익혀 두면 실전에서 도움이 된다.

■ 지나가는 사람에게 말을 걸 때

Affedersiniz. 실례합니다.

Pardon. 실례합니다.

■ 친구, 학교에서

친구끼리 부를 때	Deniz! 데니즈!
	Zeynep! 제이넵!
	Mehmet! 메흐멧!
학교에서 선배를 부를 때	Mehmet ağabey! 메흐멧 형/오빠!
	Zeynep abla! 제이넵 누나/언니!
선배가 후배를 부를 때	Deniz! 데니즈!
	Zeynep! 제이넵!
	Mehmet! 메흐멧!
학생이 선생님을 부를 때	Hocam! 선생님!
	Hocam, merhaba! 선생님, 안녕하세요!

■ 직장에서

터키어에서는 상위 직급자라도 '~팀장님, ~과장님' 등 직함을 붙여서 부르지 않는다.

팀장, 상사를 부를 때	Taeho bey! 태호 씨!
	Deniz hanım! 데니즈 씨!

상사, 사장이 아래 직급의 직원을 부를 때	**Seongjun bey!** 성준 씨!
	Yeji hanım! 예지 씨!
	Zeynep hanım! 제이넵 씨!
직원이 사장을 부를 때	**Müdür bey!** (사장이 남성일 때) 사장님!
	Müdür hanım! (사장이 여성일 때) 사장님!
	Müdür bey, telefonunuz çalıyor. 사장님, 전화 왔습니다.
	Müdür hanım, lütfen bunu onaylar mısınız? 사장님, 결재해 주시겠어요?

■ 가족끼리

부모가 자식을 부를 때	**Oğlum, yemek ye.** 아들, 밥 먹어.
	Kızım, defter aldın mı? 딸, 공책 챙겼니?
아이들이 엄마, 아빠를 부를 때	**Anne!** 엄마!
	Baba! 아빠!
형제끼리 부를 때	**Abla!** 누나!, 언니!
	Ağabey! 형!, 오빠!
아이들이 할머니, 할아버지를 부를 때	**Anneanne!** 외할머니!
	Babaanne! (친)할머니!
	Dede! 할아버지!

■ 음식점에서

음식점에서 직원을 부를 때	**Bakar mısınız?** 좀 봐 주실래요?, 여기요!
직원이 손님을 부를 때	**Beyefendi!** (손님이 남성일 때) 손님!
	Hanımefendi! (손님이 여성일 때) 손님!

Pattern
▼
Voca
▼
Dialogue
▼
Grammar
▼
Exercise
▼
어깨너머 튀르키예

01. BÖLÜM

Merhaba!

안녕하세요!

학습 목표   아직 튀르키예 말이 서툴러도 첫마디로 인사는 건넬 수 있어야겠죠? 첫 인사와 안부를 묻고 자기소개를 하는 법을 배우겠습니다.

주요 문법   인칭어미 / 의문형 어미 / 부정 표현

인사하기

Merhaba.	안녕하세요.
Nasılsınız?	어떻게 지내세요?
Memnun oldum.	반갑습니다.
Sizin adınız ne?	당신의 이름이 무엇입니까?
Benim adım Seongjun.	제 이름은 성준입니다.

감사 표현과 대답

Teşekkür ederim.	감사합니다.
Sağolun.	감사합니다.
Rica ederim.	천만에요.

사과 표현과 대답

Özür dilerim.	미안합니다.
Sorun değil.	괜찮습니다.

단어	뜻	비고
ad	이름	= isim
ben	나, 저	1인칭 단수
benim	나의	1인칭 소유격
çok	아주, 매우	
de	~도	a / e 모음조화에 따라 da / de로 쓴다.
hayır	아니요	↔ evet 네
iyi	좋은	↔ kötü 나쁜
Koreli	한국인	Kore 한국 / Korece 한국어
Memnun oldum.	반갑습니다.	
memur	공무원	
Merhaba.	안녕하세요.	= Selam. 안녕.
Nasılsınız?	어떻게 지내세요?	= Nasılsın? 어떻게 지내?
ne	무엇	의문사
Nerelisiniz?	어느 나라 사람이세요?	튀르키예 사람에게 질문할 경우 '고향이 어디예요?'라는 의미가 된다.
öğretmen	선생님	= hoca
Sağolun.	감사합니다.	= Sağol. 고마워.
siz	너희들, 당신들	2인칭 복수 '너'에 대한 격식 표현으로서 '당신'의 의미로 쓰기도 한다.
sizin	당신의, 너희들의	2인칭 소유격
Teşekkür ederim.	감사합니다.	= Teşekkürler.
Türk	튀르키예 사람	Türkiye 튀르키예 / Türkçe 터키어

MP3 **01-2**

Merhaba!

Seongjun	Merhaba.
Deniz	Merhaba. Nasılsınız?
Seongjun	Teşekkür ederim, iyiyim. Siz nasılsınız?
Deniz	Sağolun, ben de çok iyiyim. Benim adım Deniz. Sizin adınız ne?
Seongjun	Benim adım Seongjun. Memnun oldum. Siz nerelisiniz?
Deniz	Ben Türküm. Siz nerelisiniz?
Seongjun	Ben Koreliyim. Siz öğretmen misiniz?
Deniz	Hayır, ben öğretmen değilim. Ben memurum.

안녕하세요!

성준	안녕하세요.
데니즈	안녕하세요. 잘 지내세요?
성준	감사합니다. 잘 지냅니다. 잘 지내세요?
데니즈	감사합니다. 저도 아주 잘 지내요. 제 이름은 데니즈입니다. 성함이 어떻게 되세요?
성준	제 이름은 성준입니다. 반갑습니다. 어느 나라 사람이세요?
데니즈	저는 튀르키예 사람입니다. 어느 나라 사람이세요?
성준	저는 한국인입니다. 선생님이신가요?
데니즈	아니요, 저는 선생님이 아닙니다. 저는 공무원입니다.

/ 나라 이름과 국적 /

나라 이름과 국적은 첫 글자를 항상 대문자로 쓴다.

나라 이름		사람	
한국	Kore	한국인	Koreli
튀르키예	Türkiye	튀르키예인	Türk
대만	Tayvan	대만인	Tayvanlı
독일	Almanya	독일인	Alman
러시아	Rusya	러시아인	Rusyalı
미국(미합중국)	ABD(Amerika Birleşik Devletleri)	미국인	Amerikalı
베트남	Vietnam	베트남인	Vietnamlı
영국	İngiltere	영국인	İngiliz
이탈리아	İtalya	이탈리아인	İtalyalı
일본	Japonya	일본인	Japon
중국	Çin	중국인	Çinli
태국	Tayland	태국인	Taylandlı
프랑스	Fransa	프랑스인	Fransız
호주	Avustralya	호주인	Avustralyalı

Ⓐ 인칭어미

인칭어미는 2가지 의미로 쓰인다. 첫째는 '~이다, ~입니다'와 같은 평서형 문장의 서술격 조사로 쓰이고, 둘째는 주어를 분명하게 해주는 어미이다. 인칭어미는 문장의 주어에 따라 바뀌는 특성이 있기 때문에, 문장에 주어가 없더라도 인칭어미를 통해 주어를 파악할 수 있다.

주어		마지막 모음			
		a, ı	e, i	o, u	ö, ü
나, 저	Ben	-(y)ım	-(y)im	-(y)um	-(y)üm
우리	Biz	-(y)ız	-(y)iz	-(y)uz	-(y)üz
너, 당신	Sen	-sın	-sin	-sun	-sün
너희들, 당신들	Siz	-sınız	-siniz	-sunuz	-sünüz
그, 그녀	O	없음	없음	없음	없음
그들	Onlar	-lar	-ler	-lar	-ler

참고 – (y)는 앞에 오는 말이 모음으로 끝날 때 모음 간의 충돌을 막기 위해 추가되는 매개자음이다.

인칭어미는 명사, 형용사, 동사에 모두 사용한다.

> Ben öğretmenim. 나는 선생님입니다.
>   명사

> Sen çalışkansın. 당신은 부지런합니다.
>   형용사

> Biz gidiyoruz. 우리는 가고 있습니다.
>   동사

Ⓑ 의문형 어미

인칭어미와 마찬가지로 의문형 어미도 명사, 형용사, 동사 모두에 사용한다. 의문형 어미는 ı / i / u / ü 모음조화의 규칙에 따라 -mı / -mi / -mu / -mü로 4가지가 있다. 또한 주어를 분명하게 하기 위해 의문형 어미에도 인칭어미를 써야 한다.

> 의문형 어미 ~입니까 + 인칭어미

주어		마지막 모음			
		a, ı	e, i	o, u	ö, ü
나, 저	Ben	mıyım?	miyim?	muyum?	müyüm?
우리	Biz	mıyız?	miyiz?	muyuz?	müyüz?

너, 당신	Sen	mısın?	misin?	musun?	müsün?
너희들, 당신들	Siz	mısınız?	misiniz?	musunuz?	müsünüz?
그, 그녀	O	mı?	mi?	mu?	mü?
그들, 그녀들	Onlar	mı?	mi?	mu?	mü?

Sen <u>öğretmen</u> **misin?** <small>당신은 선생님입니까?</small>
　　　　　명사

O <u>gidiyor</u> **mu?** <small>그는 가고 있습니까?</small>
　　동사

단, Onlar가 주어일 때는 의문형 어미의 앞에 있는 단어에 인칭어미가 붙는다.

Onlar <u>çalışkanlar</u> **mı?** <small>그들은 부지런합니까?</small>
　　　　　형용사

ⓒ 부정형

'~이 아니다, ~아닙니다'라는 뜻의 부정형으로 표현할 때는 -değil을 쓴다. -değil 표현을 쓸 때도 주어를
분명히 하기 위해서 인칭어미가 붙는다. -değil은 명사와 형용사에만 붙는다.

> değil + 인칭어미

주어		아니다, 아닙니다
나, 저	Ben	değilim
우리	Biz	değiliz
너, 당신	Sen	değilsin
너희들, 당신들	Siz	değilsiniz
그, 그녀	O	değil
그들, 그녀들	Onlar	değiller

Ben <u>öğretmen</u> **değilim.** <small>저는 선생님이 아닙니다.</small>
　　　　　명사

Sen <u>çalışkan</u> **değilsin.** <small>너는 부지런하지 않아.</small>
　　　　형용사

1. 녹음을 들으면서 빈칸에 알맞은 말을 쓰세요.　　　　　　　　　　　　　🔘 MP3 **01-3**

| 보기 |　　*Deniz*　　Merhaba. Nasılsınız?

(1) *Seongjun*　Merhaba. _____ _____. Çok iyiyim. Siz nasılsınız?

(2) *Deniz*　　Sağolun, _____.

(3) *Seongjun*　_____ adım Seongjun. Sizin adınız _____?

(4) *Deniz*　　Benim adım Deniz. _____ _____.

2. 다음 보기 중에서 알맞은 말을 골라 대화를 완성하세요.

| 보기 |　　teşekkür ederim　　memur　　Türk　　Sorun değil　　İyiyim

(1) A　Siz öğretmen misiniz?

　　B　Hayır, ben _____um.

(2) A　Deniz, _____ _____.

　　B　Rica ederim.

(3) A　Nerelisiniz?

　　B　Ben _____üm.

(4) A　Merhaba. Nasılsınız?

　　B　_____.

(5) A　Çok özür dilerim.

　　B　_____ _____.

3. 인칭대명사와 인칭어미를 사용하여 문장을 완성하세요.

> | 보기 | Sen Türksün.   Biz öğrenciyiz.

(1) _____ çalışkansın.   [인칭대명사]

(2) _____ öğretmenler.   [인칭대명사]

(3) Hayır, _____ memur değil.   [인칭대명사]

(4) Ben öğrenci_____ .   [인칭어미]

(5) Siz memur_____ .   [인칭어미]

(6) Onlar Koreli değil_____ .   [인칭어미]

4. 다음 문장을 터키어 문장으로 써 보세요.

(1) 안녕하세요.

▶ _____

(2) 제 이름은 데니즈(Deniz)입니다.

▶ _____

(3) 저는 튀르키예 사람입니다.   *Türk 튀르키예 사람

▶ _____

(4) 저는 공무원입니다.   *memur 공무원

▶ _____

(5) 반갑습니다.

▶ _____

어깨너머튀르키예

• 튀르키예의 인사법 •

튀르키예의 인사법은 인사말부터 시작해 인사할 때의 행동까지 무척 다채로운 편이다. 우리나라에서도 상대가 윗사람인지 또는 친구나 아랫사람인지에 따라 인사법이 다르듯, 튀르키예에서도 인사를 건네는 상대가 누구인지에 따라 인사말과 인사법이 다르다.

먼저, 상대가 처음 만난 사람이거나 가까운 사이가 아닌 경우, 또는 윗사람일 때는 가볍게 악수를 하며 "Merhaba!(메르하바)"라고 인사한다. 일부 이슬람 국가에서는 남녀가 악수를 하며 인사를 나누는 것이 일반적이지 않은 경우도 있지만, 튀르키예에서는 처음 보는 남녀라도 자연스럽게 악수를 하며 인사를 나눈다.

한편, 아주 가까운 관계이거나 오랜만에 만나는 반가운 사람에게는 포옹을 하며 인사를 하는데, 이때도 가장 기본적인 인사말로 "Merhaba!"를 쓴다. 포옹을 할 때는 상대의 어깨를 가볍게 감싸며 오른쪽 볼과 왼쪽 볼에 각각 한 번씩 볼을 가볍게 맞댄다.

흥미로운 것은 같은 인사라도 여자와 남자의 인사법이 조금씩 다르다는 것이다. 물론 남자들도 여자들과 같이 서로를 껴안으며 볼을 맞대기도 하지만 대부분의 남자들은 악수를 나누는 동시에 서로의 관자놀이를 가볍게 맞대며 인사를 나눈다.

또한 자신보다 나이가 아주 많은 윗사람이나 존경과 사랑을 표현하고자 하는 웃어른에게는 상대의 손등에 입을 맞춘 뒤 자신의 이마에 가볍게 갖다 댄다. 이 인사법은 일상생활에서도 자주 볼 수 있지만, 집안의 식구들이 한자리에 모이는 명절 때 특히 자주 볼 수 있다.

전 국민의 98%가 무슬림인 튀르키예에는 이슬람과 관련된 인사법도 존재한다. 상대에게 "Selamün aleyküm."(평화가 깃들기를.)이라고 인사하고, 인사를 받은 상대는 "Aleyküm selam."(당신에게도 평화가 깃들기를.)이라고 대답한다.

한편 헤어질 때는 "İyi günler.(좋은 하루 되세요.)", "Güle güle.(안녕히 가세요.)", "Görüşürüz.(또 만나요.)"와 같이 인사한다.

윗 사람에게는 상대의 손등에 입을 맞춘 뒤 자신의 이마에 가볍게 갖다 댄다.

02. BÖLÜM

Müze nerede?

박물관이 어디예요?

학습 목표　사람과 사물의 위치를 묻는 법을 배우겠습니다. 이때는 상황에 맞는
격조사를 써야 하고, 주어에 따른 인칭어미도 알맞게 써야 합니다.

주요 문법　지시대명사 / 의문사 / 격조사의 종류 / 인칭대명사 + 격조사

PATTERN

이 과에서 배울 주요 표현을 미리 들어 보세요.

질문하기

Affedersiniz.	실례합니다.
Pardon.	실례합니다.
Bir şey sorabilir miyim?	뭐 좀 물어봐도 될까요?

위치 물어보기

Müze nerede?	박물관이 어디예요?
Tuvalet nerede?	화장실이 어디예요?
Neredesiniz?	(당신) 어디세요?

있다 / 없다

Müze var.	박물관이 있습니다.
Tuvalet yok.	화장실이 없습니다.

단어	뜻	비고
adam	남자, (일반적으로) 사람	= erkek 남자
Affedersiniz.	실례합니다.	= Pardon.
ama	하지만, 그러나	= fakat, ancak
başka	다른	diğer (그것 말고) 다른
Bir şey sorabilir miyim?	뭐 좀 물어봐도 될까요?	
bu	이, 이것	şu 저것 / o 그것
burada	여기에, 여기에서	şurada 저기에, 저기에서 orada 거기에, 거기에서
çünkü	왜냐하면	
-dan beri	~부터, ~이래로	-dan beri / -tan beri -den beri / -ten beri
giriş ücreti	입장료	
hangi	어떤	
ile ilgili	~과 관련된	
inşaatta	공사 중	inşaat 공사
islami	이슬람의	
kapalı	닫힌	↔ açık 열린
lira	리라 (튀르키예 화폐 단위)	kuruş 쿠루슈 (리라의 아래 단위)
müze	박물관	
nerede	어디에, 어디에서	neresi 어디
Ne kadar?	얼마예요?	= Kaç lira? 몇 리라예요?
Nisan	4월	mart 3월 / mayıs 5월
o	그, 그것	bu 이, 이것 / şu 저, 저것
Öyle mi?	그래요?	
Perşembe	목요일	çarşamba 수요일 / cuma 금요일
sanat	예술	
şurada	저기에, 저기에서	
Tabii.	물론이죠.	= Elbette.
Tamam.	알았어요.	영어의 "OK!"와 같은 뜻이다.
var	있다	
yok	없다	

Müze nerede?

Mina	Affedersiniz. Bir şey sorabilir miyim?
adam	Tabii.
Mina	Müze nerede?
adam	Hangi müze?
Mina	İslami sanatlar ile ilgili bir müze.
adam	Burada yok. Ama şurada başka müzeler var.
Mina	Öyle mi? Giriş ücreti ne kadar?
adam	30 lira. Ama o müze kapalı. Çünkü nisan'dan beri inşaatta.
	Bu perşembe açılacak.
Mina	Tamam. Çok teşekkür ederim.

박물관이 어디예요?

민아	실례합니다. 뭐 좀 물어봐도 될까요?
행인	물론이죠.
민아	박물관이 어디예요?
행인	어떤 박물관이요?
민아	이슬람의 예술들과 관련된 박물관이요.
행인	여기엔 없어요. 하지만 저기에 다른 박물관들이 있어요.
민아	그래요? 입장료가 얼마죠?
행인	30리라요. 하지만 그 박물관은 닫혔어요. 왜냐하면 4월부터 공사 중이거든요.
	이번 목요일에 열릴 거예요.
민아	알았어요. 정말 고마워요.

/ **숫자** Sayılar /

0	1	2	3	4	5	6	7	8	9
sıfır	bir	iki	üç	dört	beş	altı	yedi	sekiz	dokuz
10	20	30	40	50	60	70	80	90	100
on	yirmi	otuz	kırk	elli	altmış	yetmiş	seksen	doksan	yüz

/ **월** Ayla /

1월	2월	3월	4월	5월	6월
Ocak	Şubat	Mart	Nisan	Mayıs	Haziran
7월	8월	9월	10월	11월	12월
Temmuz	Ağustos	Eylül	Ekim	Kasım	Aralık

/ **요일** Günler /

월요일	화요일	수요일	목요일	금요일	토요일	일요일
Pazartesi	Salı	Çarşamba	Perşembe	Cuma	Cumartesi	Pazar

Ⓐ 지시대명사

지시대명사는 사물을 나타내는 지시대명사와 위치를 나타내는 지시대명사로 나뉜다.

단수	복수	위치	
bu 이것	bunlar 이것들	burası 여기	burada 여기에(서)
şu 저것	şunlar 저것들	şurası 저기	şurada 저기에(서)
o 그것	onlar 그것들	orası 거기	orada 거기에(서)

Bu kalem. 이것은 펜입니다.

Orası müze. 거기는 박물관입니다.

Şunlar kitap. 저것들은 책입니다.

Orada buluşalım. 거기에서 만나자.

Ⓑ 의문사

문장 중에 의문사가 있으면 의문형 어미 -mı / -mi / -mu / -mü를 쓰지 않는다.

어디	neresi 어디	왜	neden, niye, niçin
	nereye 어디로	언제	ne zaman
무엇	ne	어떤(여러 가지 중 하나)	hangi
어떻게	nasıl	얼마	ne kadar
누구	kim	몇	kaç

Müze nerede? 박물관이 어디예요? (O)

Müze nerede mi? 박물관이 어디예요? (X)

O ne kadar? 그것은 얼마인가요? (O)

O ne kadar mı? 그것은 얼마인가요? (X)

ⓒ 격조사의 종류

격조사는 명사 뒤에 붙어 위치나 공간, 상황을 나타내는 조사이다.

격조사	앞 단어의 마지막 자음	
	ç, f, h, k, p, s, ş, t	그 외
목적격조사(~를)	-(y)ı, -(y)i, -(y)u, -(y)ü	
처격조사(~에, ~에서)	-ta, -te	-da, -de
여격조사(~로, ~에)	-(y)a, -(y)e	
탈격조사(~로부터)	-tan, -ten	-dan, -den

(1) 목적격조사

모든 목적어 뒤에 붙는 것이 아니라 목적어가 특별한 대상일 때만 붙는다.

    defteri (그) 노트를   **masayı** (그) 책상을

    telefonu (그) 휴대전화를   **kitabı** (그) 책을
    참고– kitap의 마지막 자음이 p이므로 자음조화를 일으켜 b로 바뀐다.

    çiçeği (그) 꽃을   **kalemi** (그) 펜을
    참고– çiçek 의 마지막 자음이 k이므로 자음조화를 일으켜 ğ로 바뀐다.

(2) 처격조사

장소나 상태를 나타낼 때 쓰는 조사이다.

    Müzede resimler var. 박물관에 그림들이 있습니다. [장소]

    O müze nisan'dan beri inşaatta. 그 박물관은 4월부터 공사 중입니다. [상태]

(3) 여격조사

방향을 나타낼 때 쓰는 조사이다.

    Okula gidiyorum. 학교로 갑니다.   **Müzeye gidiyorum.** 박물관에 갑니다.

(4) 탈격조사

동작이나 행동이 무엇으로부터 비롯됨을 나타낸다.

    Evden çıktım. 집에서 나왔습니다.   **Bu hediye Irak'tan geldi.**
                                          이 선물은 이라크로부터(에서) 왔습니다.

Ⓓ 인칭대명사 + 격조사

4가지 격조사는 인칭대명사와 함께 쓸 수 있는데, 인칭대명사의 종류에 따라 격조사의 형태가 바뀐다.

주어	인칭대명사 + 목적격조사	인칭대명사 + 처격조사	인칭대명사 + 여격조사	인칭대명사 + 탈격조사
	~을	~한테	~에게	~로부터
나, 저	Beni	Bende	Bana	Benden
우리	Bizi	Bizde	Bize	Bizden
너, 당신	Seni	Sende	Sana	Senden
너희들, 당신들	Sizi	Sizde	Size	Sizden
그, 그녀	Onu	Onda	Ona	Ondan
그들	Onları	Onlarda	Onlara	Onlardan

⑴ **인칭대명사 + 목적격조사**

Seni seviyorum. 당신을 사랑합니다.

Onları tanıyorum. 그들을 알고 있습니다.

Sizi sevmiyorum. 당신들을 사랑하지 않습니다.

Onu anlıyorum. 그를 이해합니다.

⑵ **인칭대명사 + 처격조사**

Bende kırmızı kalem var. 나한테 빨간색 볼펜이 있어.

Onda kırmızı çanta var. 그한테 빨간색 가방이 있어.
> 참고 Onda에서 -da는 동조의 뜻을 나타내는 -da / -de(~도)와 혼동하지 않도록 주의해야 한다.

Sende bilgisayar var. 너한테 컴퓨터가 있어.

Onlarda yemek var. 그들한테 음식이 있어.

Bende kırmızı kalem var. 나한테 빨간색 펜이 있어요.

(3) **인칭대명사 + 여격조사**

O sana hediye verdi. 그가 너에게 선물을 줬어.

Sen bana hediye verdin. 너는 나에게 선물을 줬어.

Siz ona hediye verdiniz. 너희들은 그에게 선물을 줬어.

Ben onlara hediye verdim. 나는 그들에게 선물을 줬어.

(4) **인칭대명사 + 탈격조사**

Biz ondan bir mektup aldık. 우리는 그로부터 한 통의 편지를 받았어.

Ben sizden bir mektup aldım. 나는 당신으로부터 한 통의 편지를 받았어요.

Sen bizden bir mektup aldın. 너는 우리로부터 한 통의 편지를 받았어.

Onlar benden bir mektup aldılar. 그들은 나로부터 한 통의 편지를 받았어.

1. 녹음을 들으면서 빈칸에 알맞은 말을 쓰세요.

🔘 MP3 **02-3**

| 보기 | *Mina*   **Affedersiniz**, burada müze var mı?

(1) *adam*   _____ müze?

(2) *Mina*   _____ _____ ile ilgili bir müze.

(3) *adam*   **Burada** _____.

(4) *Mina*   **O zaman diğer müzeler** _____?

(5) *adam*   _____ **Ayasofya müzesi** _____.

2. 다음 보기 중에서 알맞은 말을 골라 대화를 완성하세요.

| 보기 | bende   ne kadar   şurada   dan beri   buradayım

(1) A **Giriş ücreti** _____ _____?

   B **20lira.**

(2) A **Müze nerede?**

   B **Müze** _____.

(3) A **Sende kalem var mı?**

   B **Hayır,** _____ **yok.**

(4) A **Sen orada mısın?**

   B **Evet, ben** _____.

(5) A **Bu müze neden kapalı?**

   B **Çünkü bu nisan**_____ _____ **inşaatta.**

3. 처격조사를 사용하여 문장을 완성하세요.

> | 보기 | Burada Ayasofya müzesi var.

(1) Affedersiniz, islami sanat ile ilgili müzeler _____ var?   [어디에(처격조사)]

(2) Sen _____ kırmızı kalem yok mu?   [인칭대명사+처격조사]

(3) Siz _____ mısınız?   [거기에(처격조사)]

(4) Burada müzeler yok. Ama _____ başka müzeler var.   [저기에(처격조사)]

(5) O müze nisandan beri inşaat_____.   [공사 중(처격조사)]

(6) Ben _____ kırmızı çanta var.   [인칭대명사+처격조사]

4. 다음 문장을 터키어 문장으로 써 보세요.

(1) 실례합니다.

   ▶ _____

(2) 박물관이 어디인가요?   *müze 박물관

   ▶ _____

(3) 입장료는 얼마인가요?   *giriş ücreti 입장료

   ▶ _____

(4) 그 박물관은 왜 공사 중이에요?   *inşaatta 공사 중

   ▶ _____

(5) 알겠습니다. 정말 고맙습니다.

   ▶ _____

/어깨너머튀르키예/

• 튀르키예의 사계절 •

튀르키예는 우리나라와 마찬가지로 사계절이 뚜렷한 나라이다. 계절이 변화하는 시기도 비슷하다. 다만 두 나라의 계절에 따른 날씨는 서로 조금 다르다. 우리나라는 장마 기간인 7월과 8월에 비가 집중적으로 내리지만, 튀르키예는 봄과 가을에 많은 비가 내린다. 또, 우리나라의 여름은 덥고 습한 데 비해 튀르키예의 여름은 우리나라처럼 습기가 많지는 않다. 물론 이스탄불처럼 바닷가와 가까운 도시들은 여름 날씨가 무척 덥고 습도 또한 높다.

튀르키예는 국토 면적이 넓은 나라이기 때문에 지역별로 계절에 따른 날씨가 매우 다르게 나타난다. 튀르키예의 남부인 지중해 쪽 도시는 한겨울에도 기온이 높아서 봄처럼 따뜻한 곳이 많다. 한겨울인 12월과 1월에도 기온이 영하로 떨어지는 일이 거의 없고, 춥다고 해도 0~2도 사이일 때가 대부분이다. 한편 이스탄불과 흑해 연안에 위치한 도시는 바다의 영향으로 여름에는 무척 기온이 높아지고 습기가 많다. 튀르키예의 동쪽 지역에 위치한 도시인 에르주룸 Ercurum은 한겨울 기온이 최대 영하 35도까지 내려가기도 한다.

튀르키예에서 여름이라는 계절이 갖는 의미는 매우 색다르다. 우리나라는 겨울방학과 여름방학 기간이 비슷한 데 비해 튀르키예는 겨울방학이 2~3주 정도로 매우 짧고, 여름방학은 3~4개월 정도로 매우 긴 편이다. 튀르키예 사람들은 대부분 여름방학 및 휴가를 고향이나 바닷가에서 보내는데, 튀르키예를 에워싸고 있는 북쪽의 흑해와 남쪽의 지중해, 서쪽의 에게해와 마르마라해로 수많은 관광객이 몰려든다.

이스탄불 아야소피아 성당의 겨울

03. BÖLÜM

Kitap okuyorum.

책을 읽고 있습니다.

학습 목표 현대인에게 전화는 떼려야 뗄 수 없는 존재죠? 전화 표현과 함께 동사의 현재시제를 이용한 상태 표현을 배우겠습니다.

주요 문법 동사의 기본형 / 동사의 부정형 / 동사의 현재시제+인칭어미 / 동사의 현재시제 의문형

이 과에서 배울 주요 표현을 미리 들어 보세요.

MP3 03-1

전화를 받을 때

Alo.	(전화를 받을 때) 여보세요.
Efendim.	네, 여보세요.

현재시제를 사용한 표현

Koreceyi öğreniyorum.	한국어를 배웁니다.
Kitap okuyorum.	책을 읽고 있습니다.
Dershaneye gidiyorum.	학원에 갑니다.
Kütüphaneye gitmiyorum.	도서관에 가지 않습니다.

단어	뜻	비고
Alo.	여보세요.(전화를 받을 때)	= Efendim. Efendim은 전화를 받을 때 "네, 여보세요."의 뜻으로도 쓰고, 상대가 부를 때 대답하는 말로도 쓴다. "Seongjun!"(성준아!)이라고 부르면 "Efendim."(네.)이라고 대답한다.
bilmek	알다	↔ bilmemek 모르다 tanımak (사람을) 알다
bugün	오늘	dün 어제 / yarın 내일
demek	말하다	= söylemek
dershane	학원	okul 학교
gitmek	가다	↔ gelmek 오다
kitap	책	kitapçı 서점
Korece	한국어	Kore 한국 Koreli 한국인
kütüphane	도서관	
o kadar	그렇게까지	o kadar(그렇게까지)에 da를 붙여서 o kadar da라고 하면 강조의 의미가 된다. bu kadar 이렇게까지 şu kadar 저렇게까지
öğrenmek	배우다	↔ öğretmek 가르치다
Selam.	안녕.	
şimdi	지금	= şu an
Türk tarihi	튀르키예 역사	Türk kültürü 튀르키예 문화
yapmak	하다	↔ yapmamak 하지 않다
yazmak	쓰다	yazı 글 ↔ yazmamak 쓰지 않다
zor	어려운	↔ kolay 쉬운

MP3 **03-2**

Kitap okuyorum.

Zeynep	Alo, merhaba Seongjun. Ne yapıyorsun?
Seongjun	Selam. Ben kitap okuyorum.
Zeynep	Ne okuyorsun?
Seongjun	Türk tarihi ile ilgili bir kitap okuyorum. Sen bugün kütüphaneye gitmiyor musun?
Zeynep	Ben şimdi dershaneye gidiyorum. Orada Koreceyi öğreniyorum. Ama çok zor.
Seongjun	Hayır, Korece o kadar da zor değil.
Zeynep	Sen bilmiyorsun. Çünkü sen Korelisin!

책을 읽고 있습니다.

제이넵   여보세요, 안녕 성준아. 뭐 하고 있니?

성준   안녕. 나는 책을 읽고 있어.

제이넵   무엇을 읽고 있어?

성준   튀르키예 역사와 관련된 책을 읽고 있어. 너 오늘 도서관에 안 가?

제이넵   나 지금 학원에 가고 있어. 거기에서 한국어를 배워. 하지만 너무 어려워.

성준   아니야, 한국어 그렇게까지 어렵지 않아.

제이넵   넌 몰라. 왜냐하면 넌 한국인이니까!

/ 동사 어간과 어미 /

터키어의 동사 역시 한국어의 동사처럼 어간과 어미가 정확하게 분리된다. a / e 모음조화에 따른 어미 -mak / -mek을 제외한 동사의 앞부분이 어간이다.

yemek	먹다	içmek	마시다
öğrenmek	배우다	öğretmek	가르치다
giymek	입다	bilmek	알다
gitmek	가다	gelmek	오다
yazmak	(글을) 쓰다	okumak	읽다
koşmak	뛰다	kullanmak	사용하다
hatırlamak	기억하다	almak	받다, 사다

A 동사의 기본형

모든 동사는 어간과 어미로 구성된다. 어미 -mak / -mek은 어간이 어떤 모음으로 끝났는지에 따라 모음
조화가 적용된다.

> 어간 + 어미

yaz + mak   → yazmak 쓰다

참고 – 어간 yaz의 마지막 모음이 a이기 때문에 어미는 모음조화 규칙에 따라 mak이 된다.

gel + mek   → gelmek 오다

참고 – 어간 gel의 마지막 모음이 e이기 때문에 어미는 모음조화 규칙에 따라 mek이 된다.

B 동사의 부정형

(1) '~하지 않다' 부정형

동사 어간 뒤에 부정형 어미 -ma / -me를 붙이면 '~하지 않다'의 뜻이 된다.

> 동사 어간 + 부정형 어미 + 동사 어미

yaz + ma + mak   → yazmamak 쓰지 않다

gel + me + mek   → gelmemek 오지 않다

(2) '~하지 못하다' 부정형

동사 어간 뒤에 -(y)ama / -(y)eme를 붙이면 '~하지 못하다'의 뜻이 된다.

> 동사 어간 + 부정형 어미 + 동사 어미

yaz + ama + mak   → yazamamak 못 쓰다

gel + eme + mek   → gelememek 못 오다

yemek(먹다), demek(말하다) 동사에 -(y)ama / -(y)eme가 붙을 때는 동사 어간의 e가 탈락하고 i가 붙는다.

yi + yeme + mek   → yiyememek 먹지 못하다

di + yeme + mek   → diyememek 말하지 못하다

ⓒ 동사의 현재시제

동사의 현재시제는 동사 어간에 현재시제를 붙여준다. 이때, 동사 어간의 마지막 모음이 무엇인가에 따라 현재시제 어미의 형태 또한 달라진다.

동사 어간 + 현재시제

자음에 이어질 때	모음에 이어질 때	
	ı, i, u, ü 뒤	a, e, o, ö 뒤
-ıyor -iyor -uyor -üyor	-yor	(앞 모음 탈락) -ıyor (앞 모음 탈락) -iyor (앞 모음 탈락) -uyor (앞 모음 탈락) -üyor

⑴ **어간의 끝이 자음일 때**

yazmak 쓰다   yaz + ıyor   → yazıyor
                        자음 모음조화

gelmek 오다   gel + iyor   → geliyor
                        자음 모음조화

yapmak 하다   yap + ıyor   → yapıyor
                        자음   모음조화

koşmak 뛰다   koş + uyor   → koşuyor
                        자음 모음조화

gitmek 가다   gid + iyor   → gidiyor
                     t 자음조화 모음조화

참고 – 자음조화의 영향을 받는 대표적인 동사

gitmek 가다   etmek ~하다   reddetmek 거절하다
halletmek 해결하다   seyretmek 시청하다   bahsetmek 언급하다

(2) 어간의 끝이 모음일 때

okumak 읽다	oku + yor 모음 모음조화	→ okuyor
hatırlamak 기억하다	hatırla + ıyor a 모음 탈락 모음조화	→ hatırlıyor
onaylamak 승인하다	onayla + ıyor a 모음 탈락 모음조화	→ onaylıyor
hazırlamak 준비하다	hazırla + ıyor a 모음 탈락 모음조화	→ hazırlıyor
yürümek 걷다	yürü + yor 모음 모음조화	→ yürüyor

(3) 현재시제의 부정형

gitmemek 안 가다	gitme + iyor e 모음 탈락 모음조화	→ gitmiyor
okumamak 안 읽다	okuma + uyor a 모음 탈락 모음조화	→ okumuyor
gelememek 못 오다	geleme + iyor e 모음 탈락 모음조화	→ gelemiyor
yazamamak 못 쓰다	yazama + ıyor a 모음 탈락 모음조화	→ yazamıyor

D 동사의 현재시제 + 인칭어미

현재시제 문장을 만들 때는 동사 어간에 현재시제 어미를 붙이고 인칭대명사에 따른 인칭어미도 반드시 붙여야 한다.

> **동사 어간 + 현재시제 + 인칭어미**

Ben + gid + iyor + um.
동사 gitmek
→ Ben gidiyorum. 나는 가고 있다.

Biz + oku + yor + uz.
동사 okumak
→ Biz okuyoruz. 우리는 읽고 있다.

Sen + gel + iyor + sun.
동사 gelmek

→ Sen geliyorsun. 당신은 오고 있다.

Siz + yap + ıyor + sunuz.
동사 yapmak

→ Siz yapıyorsunuz. 당신들은 하고 있다.

O + koş + uyor.
동사 koşmak

→ O koşuyor. 그는 뛰고 있다.

Onlar + yaz + ıyor + lar.
동사 yazmak

→ Onlar yazıyorlar. 그들은 쓰고 있다.

ⓔ 동사의 현재시제 의문형

현재시제를 의문형으로 만들기 위해서는 앞서 배운 것과 같이 동사 어간에 현재시제를 붙여 현재형 표현을 완성한 후, 의문형 어미 -mı / -mi / -mu / -mü와 인칭대명사에 따른 인칭어미를 붙여 의문형 표현을 완성한다.

> **(동사 어간 + 현재시제) (의문형 어미 + 인칭어미)**

Ben + gid + iyor + mu + yum?
동사 gitmek

→ Ben gidiyor muyum? 제가 가고 있습니까?

Biz + oku + yor + mu + yuz?
동사 okumak

→ Biz okuyor muyuz? 우리는 읽고 있습니까?

Sen + gel + iyor + mu + sun?
동사 gelmek

→ Sen geliyor musun? 당신은 오고 있습니까?

Siz + yap + ıyor + mu + sunuz?
동사 yapmak

→ Siz yapıyor musunuz? 당신들은 하고 있습니까?

O + koş + uyor + mu?
동사 koşmak

→ O koşuyor mu? 그는 뛰고 있습니까?

Onlar + yaz + ıyorlar + mı?
동사 yazmak

→ Onlar yazıyorlar mı? 그들은 쓰고 있습니까?

단, 주어가 Onlar일 때는 인칭어미가 의문형 어미가 아닌 현재시제에 붙는다는 점에 유의해야 한다.

1. 녹음을 들으면서 빈칸에 알맞은 말을 쓰세요.　　　　　　　　　　　　　　　　MP3 **03-3**

| 보기 |　　　*Zeynep*　Merhaba Seongjun. Ne yapıyorsun?

(1) *Seongjun*　Ben kitap _____.

(2) *Zeynep*　_____ okuyorsun?

(3) *Seongjun*　İslami sanatlar _____ _____ bir kitap okuyorum.
　　　　　　　Sen ne yapıyorsun?

(4) *Zeynep*　Ben dershaneye _____. Orada Koreceyi _____.
　　　　　　Ama çok zor.

(5) *Seongjun*　Hayır, Korece o kadar da _____ _____.

2. 다음 보기 중에서 알맞은 말을 골라 대화를 완성하세요.

| 보기 |　　sun　　　gidiyor mu　　　öğreniyorlar　　　Türk tarihi　　　lar

(1) A　Sen ne yapıyor_____?

　　 B　Ben kitap okuyorum.

(2) A　Onlar ne yapıyorlar?

　　 B　Dershaneye gidiyor_____.

(3) A　Onlar ne öğreniyorlar?

　　 B　Koreceyi _____.

(4) A　O kütüphaneye _____ _____?

　　 B　Hayır, o gitmiyor.

(5) A　Ne okuyorsun?

　　 B　_____ _____ ile ilgili bir kitap okuyorum.

3. 현재시제형을 사용하여 문장을 완성하세요.

| 보기 | O kitap okuyor.

(1) Sen bugün ne _____ ?   [현재시제(뭐 하니?)]

(2) Siz okula gel_____ _____ ?   [현재시제 의문형]

(3) Onlar Türkçeyi öğren_____ .   [현재시제]

(4) Biz Türk tarihi ile ilgili bir kitap oku_____ .   [현재시제]

(5) Ben bugün kütüphaneye gide_____ .   [현재시제 부정형]

(6) O okula git_____ .   [현재시제 부정형]

4. 다음 문장을 터키어 문장으로 써 보세요.

(1) 성준아, 뭐 하고 있니?

▶ _____

(2) 나는 학원에 가고 있어.   *dershane 학원

▶ _____

(3) 나는 학원에서 한국어를 배우고 있어.   *öğrenmek 배우다

▶ _____

(4) 너 지금 도서관에 가고 있니?   *kütüphane 도서관

▶ _____

어깨너머 튀르키예

• 튀르키예의 음식 문화 •

튀르키예 음식은 세계 3대 음식 중 하나로 손꼽힐 정도로 매우 유명하며 그 종류 또한 매우 다양하다. 과거 오스만 제국의 음식에서부터 중앙아시아, 발칸 반도, 중동 지역 및 지중해 지방의 음식 문화가 한데 어우러져 조화를 이루면서 지금까지 발전했기 때문이다. 물론 동양과 서양의 교차로로 불리는 튀르키예의 지리적인 요건 역시 튀르키예 음식 문화를 다채롭게 발전시키는 데 큰 역할을 했다.

가장 널리 알려진 튀르키예 음식으로는 단연 '케밥'을 꼽을 수 있다. 얇은 빵 사이에 고기, 토마토, 양상추, 소스 등이 들어간 도네르 케밥 Döner kebap 은 가장 많이 알려진 케밥이고, 이외에도 주요 재료나 각 지방에 따라 무척 다양한 종류의 케밥들이 있다. 튀르키예 사람들에게 케밥은 우리나라의 김밥과 같이 간편한 한 끼 식사가 되기도 하고, 근사하고 고급스러운 메인 음식이 되기도 한다.

튀르키예 음식에서 빠질 수 없는 것 중 하나는 바로 '요거트'이다. 튀르키예 사람들은 요거트를 매우 즐겨서 거의 모든 음식에 곁들여 먹는다. 우리나라의 만두와 이름, 모양, 맛이 흡사한 튀르키예 음식인 '만트 Manti (아주 작은 반죽 안에 고기를 넣어 찐 요리)'는 위에 요거트를 얹어 소스와 함께 비벼 먹는다. 또한 고기를 얇게 저며 조그맣게 자른 빵 조각 위에 올리고 그 위에 토마토 소스와 버터, 토마토나 고추를 올려 먹는 '이스켄데르 케밥 İskender kebap'에도 요거트를 곁들여 먹는다. 뿐만 아니라 튀르키예 사람들의 국민 음료로 불리는 '아이란 Ayran'에도 요거트가 들어간다. 아이란은 물과 요거트를 여러 번 저어서 섞은 음료이다. 걸쭉하면서 새콤한 맛이 일품이다. 이처럼 튀르키예 사람들은 음식뿐 아니라 음료에도 요거트를 사용할 만큼 요거트를 즐겨 먹는다.

또한 우리나라의 쌀밥과 비슷한 것도 있다. 우리나라의 쌀밥과 다른 점은, 밥을 지은 다음에 프라이팬에 밥을 넣고 버터나 기름과 함께 볶는 것이다. 이러한 튀르키예식 밥을 '필라브 Pilav'라고 한다. 버터나 기름에 볶은 상태의 밥이기 때문에 무척 기름지고 버터의 느끼하면서도 고소한 맛이 난다. 튀르키예 사람들은 이 필라브를 케밥, 각종 고기 요리나 콩 요리 등과 함께 곁들여 먹는다.

만트

이스켄데르 케밥

04. BÖLÜM

Kahvaltı yapmadan önce duş alıyorum.

아침 식사를 하기 전에 샤워를 해요.

학습 목표   어떠한 일을 표현할 때는 반드시 시간에 따라 전과 후를 구분해서 말해야겠죠. 일의 순서 표현과 원하는 것을 말하는 법을 배우겠습니다.

주요 문법   ~을 하기 전에 / ~을 하고 나서 / ~을 할 때까지 / ~을 하고 싶다

~하기 전에

Duş almadan önce gazete okuyorum.

샤워하기 전에 신문을 읽어요.

Kahvaltı yapmadan önce duş alıyorum.

아침 식사를 하기 전에 샤워를 해요.

~하고 나서

Kahvaltı yaptıktan sonra duş alıyorum.

아침 식사를 하고 나서 샤워를 해요.

Duş aldıktan sonra gazete okuyorum.

샤워를 하고 나서 신문을 읽어요.

~할 때까지

Otobüs gelene kadar müzik dinliyorum.

버스가 올 때까지 음악을 들어요.

Kahvaltı yapana kadar bekliyorum.

아침 식사를 할 때까지 기다려요.

~를 원해요

Öğretmen olmak istiyorum.　　선생님이 되고 싶어요.

Kahvaltı yapmak istiyorum.　　아침 식사를 하고 싶어요.

단어	뜻	비고
bir gün	하루	
beklemek	기다리다	
bugün	오늘	dün 어제 / yarın 내일
çay	(마시는) 차	
çıkmak	(~에서) 나오다	'~에서, ~로부터'를 뜻하는 탈격조사와 함께 쓰이는 동사
ders çalışmak	공부하다	
dinleyelim.	들어봅시다.	
durak	역	= istasyon
duş almak	샤워하다	= banyo yapmak
ev	집	
gazete	신문	okumak 읽다
hep beraber	다 같이	= hep birlikte
her	매	her gün 매일
hoca	선생님	= öğretmen
içmek	마시다	içecek 음료, 마실 것
istemek	~하고 싶다	↔ istememek ~하기 싫다
kahvaltı yapmak	아침 식사를 하다	öğle yemeği 점심 식사 akşam yemeği 저녁 식사
kalkmak	일어나다	= uyanmak 일어나다, 깨다 ↔ yatmak 자다
müzik dinlemek	음악을 듣다	
mezun olmak	졸업하다	mezuniyet töreni 졸업식
normalde	보통	= genelde
olmak	~이 되다	
otobüs	버스	tren 기차 / metro 지하철 taksi 택시 / uçak 비행기
peynir	치즈	
sabah	아침	öğle 점심 / akşam 저녁 / gece 밤
su	물	buz 얼음
yumurta	계란	
zeytin	올리브	

Kahvaltı yapmadan önce duş alıyorum.

Hoca   Bugün hep beraber Yeji'nin bir gününü dinleyelim.

Yeji   Merhaba! Benim adım Yeji. Ben her sabah 8'de kalkıyorum. Kalktıktan sonra su içiyorum. Kahvaltı yapmadan önce duş alıyorum. Duş aldıktan sonra gazete okuyorum. Normalde kahvaltıda yumurta, zeytin, peynir ve çay var. Kahvaltı yaptıktan sonra evden çıkıyorum. Durakta otobüs bekliyorum. Otobüs gelene kadar müzik dinliyorum. Okulda çok ders çalışıyorum. Ben mezun olduktan sonra öğretmen olmak istiyorum.

아침 식사를 하기 전에 샤워를 해요.

선생님   오늘은 다 같이 예지의 하루를 들어봅시다.

예지   안녕하세요! 제 이름은 예지입니다. 저는 매일 아침 8시에 일어나요. 일어나고
나서 물을 마셔요. 아침 식사를 하기 전에 샤워를 해요. 샤워를 하고 나서 신
문을 읽어요. 보통 아침 식사에는 계란, 올리브, 치즈 그리고 차가 있어요. 아
침 식사를 하고 나서 집에서 나와요. 역에서 버스를 기다려요. 버스가 올 때까
지 음악을 들어요. 학교에서 아주 열심히 공부해요. 저는 졸업하고 나서 선생
님이 되고 싶어요.

해석

어휘 플러스

/ 식품 & 음식 이름 /

계란	yumurta	샐러드	salata
빵	ekmek	쌀밥	pirinç pilavı
올리브	zeytin	케밥	kebap
치즈	peynir	튀르키예식 수프	çorba

/ 과일 종류 /

딸기	çilek	수박	karpuz
바나나	muz	오렌지	portakal
배	armut	체리	kiraz
사과	elma	토마토	domates

/ 채소 종류 /

고추	biber	양파	soğan
당근	havuç	오이	salatalık
마늘	sarımsak	파	yeşil soğan
양배추	lahana	파슬리	maydanoz

Ⓐ ~을 하기 전에

(1) 명사에 붙을 때

명사 뒤에 a / e 모음조화에 따라 -dan önce / -den önce를 붙인다. 명사의 마지막 자음이 센소리인 ç / f / h / k / p / s / ş / t 중 하나로 끝날 경우에는 -tan önce / -ten önce가 붙는다.

sınavdan önce 시험 전에   öğleden önce 점심 시간 전에

dersten önce 수업 전에

(2) 동사에 붙을 때

동사 어간에 a / e 모음조화에 따라 -madan önce / -meden önce를 붙인다.

kahvaltı yapmadan önce 아침 식사를 하기 전에   kütüphaneye gitmeden önce 도서관에 가기 전에

gazete okumaden önce 신문을 읽기 전에   yemek yemeden önce 밥 먹기 전에

Ⓑ ~을 하고 나서

(1) 명사에 붙을 때

명사 뒤에 a / e 모음조화에 따라 -dan sonra / -den sonra를 붙인다. 명사의 마지막 자음이 센소리인 ç / f / h / k / p / s / ş / t 중 하나로 끝날 때는 -tan sonra / -ten sonra가 붙는다.

sınavdan sonra 시험 후에   öğleden sonra 점심 시간 후에

dersten sonra 수업 후에

(2) 동사에 붙을 때

어간의 마지막 자음	
ç, f, h, k, p, s, ş, t	그 외
-tıktan sonra	-dıktan sonra
-tikten sonra	-dikten sonra
-tuktan sonra	-duktan sonra
-tükten sonra	-dükten sonra

kahvaltı yaptıktan sonra 아침 식사를 하고 나서

참고 — 동사 어간 yap의 마지막 자음이 p이기 때문에 -tıktan sonra를 쓴다.

gazete okuduktan sonra 신문을 읽고 나서

kütüphaneye gittikten sonra 도서관에 가고 나서

참고 – 동사 어간 git의 마지막 자음이 t이기 때문에 -tikten sonra를 쓴다.

yemek yedikten sonra 밥 먹고 나서

ⓒ ~을 할 때까지

(1) 명사에 붙을 때

명사 뒤에 a / e 모음조화에 따라 -(y)a kadar / -(y)e kadar를 붙인다.

sınava kadar 시험까지   bugüne kadar 오늘까지

derse kadar 수업까지   yarına kadar 내일까지

(2) 동사에 붙을 때

동사 어간에 a / e 모음조화에 따라 -(y)ana kadar / -(y)ene kadar를 붙인다.

kahvaltı yapana kadar 아침 식사를 할 때까지

gazete okuyana kadar 신문을 읽을 때까지

참고 – 동사 어간 oku의 마지막 모음이 u이기 때문에 모음 간 충돌을 막기 위해 y가 추가된다.

kütüphaneye gidene kadar 도서관에 갈 때까지

참고 – 동사 어간 git의 마지막 자음 t가 자음조화를 일으켜 d가 된다.

yemek yiyene kadar 밥 먹을 때까지

참고 – 동사 yemek(먹다)과 demek(말하다)은 어간의 모음 e가 탈락하고 i가 붙는다.

ⓓ ~을 하고 싶다

동사 기본형을 그대로 쓰고 뒤에 동사 istemek을 쓴다. 단, istemek에는 시제와 주어에 따른 인칭어미를 반드시 붙여야 한다.

Kahvaıtı yapmak istiyorum. 아침 식사를 하고 싶어요.   [주어: 니]

Gazete okumak istiyorsunuz. 신문을 읽고 싶어요.   [주어: 너희들]

Kütüphaneye gitmek istiyoruz. 도서관에 가고 싶어요.   [주어: 우리]

Yemek yemek istiyorlar. 밥 먹고 싶다.   [주어: 그들]

1. 녹음을 들으면서 빈칸에 알맞은 말을 쓰세요. 　　　🔘 MP3 **04-3**

　(1) *Zeynep*　　Seongjun, sen kalktıktan ＿＿＿＿＿＿＿＿ ne yapıyorsun?

　(2) *Seongjun*　Su ＿＿＿＿＿＿＿＿. Sen kahvaltı yaptıktan sonra ne yapıyorsun?

　(3) *Zeynep*　　Ben kahvaltı yaptıktan sonra ＿＿＿＿＿＿＿＿ ＿＿＿＿＿＿＿＿ .

　(4) *Seongjun*　O zaman otobüs ＿＿＿＿＿＿＿＿ ＿＿＿＿＿＿＿＿ ne yapıyorsun?

　(5) *Zeynep*　　Müzik ＿＿＿＿＿＿＿＿ .

2. 다음 보기 중에서 알맞은 말을 골라 대화를 완성하세요.

| 보기 |　　kalktıktan sonra　　　gitmeden önce　　　olmak　　　gelene kadar　　　musun

　(1) A　Sen ＿＿＿＿＿＿＿＿ ＿＿＿＿＿＿＿＿ ne yapıyorsun?

　　　B　Kahvaltı yapıyorum.

　(2) A　Duş almadan önce kahvaltı yapmak istiyor ＿＿＿＿＿＿＿＿ ?

　　　B　Evet.

　(3) A　Ben okula gidiyorum.

　　　B　Ben okula ＿＿＿＿＿＿＿＿ ＿＿＿＿＿＿＿＿ kütüphaneye gidiyorum.

　(4) A　Sen mezun olduktan sonra ne ＿＿＿＿＿＿＿＿ istiyorsun?

　　　B　Ben memur olmak istiyorum.

　(5) A　Siz otobüs ＿＿＿＿＿＿＿＿ ＿＿＿＿＿＿＿＿ ne yapıyorsunuz?

　　　B　Müzik dinliyoruz.

3. '~하기 전에, ~하고 나서'의 표현을 사용하여 문장을 완성하세요.

| 보기 | Siz kahvaltı yaptıktan sonra ne yapmak istiyorsunuz?

(1) Ben duş almadan _____ gazete okuyorum.   [~하기 전에]

(2) Onlar gel_____ önce kahvaltı yapmak istiyorum.   [~하기 전에]

(3) Sen kahvaltı yap_____ önce gazete okuyor musun?   [~하기 전에]

(4) Sen mezun ol_____ _____ ne yapmak istiyorsun? [~하고 나서]

(5) Sen kütüphanede ders çalış_____ _____ nereye gidiyorsun? [~하고 나서]

(6) Ben kalk_____ _____ su içiyorum.   [~하고 나서]

4. 다음 문장을 터키어 문장으로 써 보세요.

(1) 저는 매일 아침 9시에 일어납니다.   *kalkmak 일어나다

▶ _____

(2) 일어난 후에 샤워를 해요.   *duş almak 샤워하다

▶ _____

(3) 샤워를 하고 나서 아침 식사를 합니다.   *kahvaltı yapmak 아침 식사를 하다

▶ _____

(4) 집을 나선 후에는 역에서 버스를 기다려요.   *evden çıkmak 집을 나서다

▶ _____

(5) 버스가 올 때까지 음악을 듣습니다.   *müzik dinlemek 음악을 듣다

▶ _____

어깨너머 튀르키예

• 튀르키예의 아침 식사, '카흐발트 Kahvaltı' •

튀르키예 사람들은 아침 식사인 '카흐발트'를 매우 중요하게 생각한다. 그들에게 카흐발트는 단순한 음식이 아니라 하루의 시작점이자 건강을 위한 하나의 중요한 단계로 인식되기 때문이다. 이와 같은 이유로 튀르키예식 아침 식사에는 기름지거나 자극적인 음식 대신 신선한 채소와 치즈, 튀르키예식 차 등이 올라온다.

튀르키예 사람들은 매일 아침이면 가족이 함께 식탁에 둘러앉아 여유롭게 카흐발트 즐기기를 좋아한다. 하지만 바쁜 현대인들은 카흐발트를 여유롭게 즐길 수 있는 시간이 없어서 토스트나 빵으로 대신하기도 한다. 그렇지만 주말에는 가족과 이웃이 함께 모여 건강하고 여유 있는 아침 식사를 즐긴다.

여행이나 업무상 튀르키예를 방문할 기회가 있다면, 튀르키예식 아침 식사 카흐발트를 꼭 즐겨 보기 바란다.

- **차이** Çay : 튀르키예의 상징적인 음식 가운데 차를 빼놓을 수 없다. 흔히 마시는 홍차와 비슷하지만 튀르키예식 차만의 독특한 풍미는 일반 홍차와는 확연히 다르다.

- **치즈** Peynir : 카흐발트에서 빼놓을 수 없는 것이 바로 치즈다. 치즈의 종류는 매우 다양한데, 조금 짠 편이다.

- **각종 채소** Sebzeler : 오이, 토마토, 파슬리 등 다양한 채소가 카흐발트에 올라온다. 튀르키예 사람들은 오이나 토마토 등을 치즈와 함께 에크멕(빵)에 올려 샌드위치처럼 먹기도 한다.

- **잼과 빵** Reçeller ve ekmek : 식사 때 함께 먹는 빵을 '에크멕'이라고 한다. 튀르키예 사람들은 카흐발트를 할 때 에크멕을 과일 잼, 치즈와 함께 곁들여 먹는다. 에크멕은 한국 밥상에서 쌀밥과 같은 존재이다.

- **메네멘** Menemen : 토마토와 계란, 맵지 않은 고추를 볶은 음식이다. 튀르키예 사람들은 메네멘을 아침 식사로 즐겨 먹는다.

튀르키예의 아침 식사 카흐발트

메네멘

05. BÖLÜM

Benim ailem

나의 가족

학습 목표	사회생활을 하다 보면 자연히 가족에 대한 주제로 이야기를 하게 됩니다. 가족과 주변 사람을 소개하는 표현과 나이 말하는 법을 배우겠습니다.
주요 문법	인칭대명사의 소유격 / 명사의 인칭화 어미 / 복합 명사와 명사형 어미

가족 소개하기

Benim babam araba şirketinde çalışıyor.

저희 아빠는 자동차 회사에서 일합니다.

Benim annem ev hanımı.　　　　저희 엄마는 주부입니다.

Benim ablam üniversitede bilgisayar
mühendisliğini okuyor.

저희 언니는(누나는) 대학교에서 컴퓨터 공학을 전공합니다.

Benim erkek kardeşim lisede okuyor.

저희 남동생은 고등학교에서 공부합니다.

나이 묻고 답하기

Kaç yaşındasınız?　　　　몇 살이세요? (나이가 어떻게 되세요?)

20 yaşındayım.　　　　　　　　　　　20살입니다.

Mehmet kaç yaşında?　　　　　메흐멧은 몇 살이니?

19 yaşında.　　　　　　　　　　　　　19살이야.

단어	뜻	비고
abla	언니, 누나	ağabey 오빠, 형
aile	가족	
anne	엄마, 어머니	anneanne 외할머니
araba	자동차	bisiklet 자전거
baba	아빠, 아버지	babaanne (친)할머니
bana	나에게	
basketbol oyuncusu	농구 선수	basketbol oynamak 농구하다
benim	나의	1인칭 소유격
bilgisayar	컴퓨터	
çalışmak	일하다	↔ çalışmamak 일하지 않다
erkek	남자	= adam ↔ kadın 여자
ev hanımı	주부	
futbol oynamak	축구 하다	spor yapmak 운동하다
gelecek	미래, 나중	↔ geçmiş 과거
hafta sonu	주말	↔ hafta içi 주중
kardeş	동생, 형제	
lezzetli	맛있는	↔ lezzetsiz 맛없는
lise	고등학교	ilkokul 초등학교 / ortaokul 중학교
mühendislik	공학	
okumak	①읽다 ②공부하다, 전공하다	
sevmek	사랑하다	↔ nefret etmek 싫어하다
şirket	회사	ofis 사무실
tanıtmak	소개하다	tanıştırmak 소개시키다
Tanıtır mısın?	소개해 줄래?	
üniversite	대학교	bölüm 학과
yaş	나이	
yemek	①(명사) 음식 ②(동사) 먹다	

Benim ailem

Mehmet	Mina, bana senin aileni tanıtır mısın?
Mina	Benim babam 56 yaşında. Araba şirketinde çalışıyor. Babam her hafta sonu futbol oynuyor. Benim annem ev hanımı. Her gün çok lezzetli yemekler yapıyor. Benim ablam 22 yaşında. Üniversitede bilgisayar mühendisliğini okuyor. Mezun olduktan sonra bilgisayar ile ilgili bir şirkette çalışmak istiyor. Benim erkek kardeşim 17 yaşında. Lisede okuyor. Gelecekte basketbol oyuncusu olmak istiyor. Ben ailemi çok seviyorum.

나의 가족

메흐멧   민아야, 나에게 너의 가족을 소개해 줄래?

민아   우리 아빠는 56세셔. 자동차 회사에서 일하고 계셔. 아빠는 매주 주말 축구를 하셔. 우리 엄마는 주부야. 매일 아주 맛있는 음식들을 해 주신단다. 우리 언니는 22살이야. 대학교에서 컴퓨터 공학을 공부하고 있어. 졸업 후에 컴퓨터와 관련된 회사에서 일하고 싶어 해. 내 남동생은 17살이야. 고등학교에서 공부하고 있어. 미래에 농구 선수가 되고 싶어 해. 나는 내 가족을 정말 사랑해.

/ 가족 용어 /

엄마, 어머니	anne	고모	hala
아빠, 아버지	baba	이모부, 고모부	enişte
누나, 언니	abla	사촌	kuzen
형, 오빠	ağabey	조카	yeğen
여동생	kız kardeş	할머니	babaanne
남동생	erkek kardeş	외할머니	anneanne
이모	teyze	할아버지	dede

⒜ 인칭대명사의 소유격

인칭대명사		소유격	
나, 저	Ben	나의, 저의	Benim
우리	Biz	우리의	Bizim
너, 당신	Sen	너의, 당신의	Senin
너희들, 당신들(높임말)	Siz	너희들의, 당신들의	Sizin
그, 그녀	O	그의, 그녀의	Onun
그들, 그녀들	Onlar	그의, 그녀들의	Onların
불특정 3인칭 단수	Öğretmen	~의	-(n)ın, -(n)in, -(n)un, -(n)ün

주어가 불특정 3인칭 단수일 때는 ı / i / u / ü 모음조화에 따라 소유격 어미 -(n)ın / -(n)in / -(n)un / -(n)ün이 붙는다. 이때 괄호에 있는 n는 모음으로 끝나는 단어의 소유격을 쓸 때 사용되는 매개자음이다.

Öğretmenin 선생님의   Evin 집의   Öğrencinin 학생의

Müzenin 박물관의   Kitabın 책의

참고 – kitap의 마지막 자음이 p이기 때문에 b로 자음조화를 일으킨다.

⒝ 명사의 인칭화 어미

인칭대명사의 소유격을 나타낼 때는 뒤에 오는 명사에 반드시 소유격 어미를 붙여야 한다. 이 명사에 인칭화 어미가 붙기 때문에 문장 속에 따로 소유격이 없어도 이 명사가 누구의 소유인지 알 수 있다.

소유격		자음으로 끝나는 명사				모음으로 끝나는 명사			
나의, 저의	Benim	-ım,	-im,	-um,	-üm	-m			
우리의	Bizim	-ımız,	-imiz,	-umuz,	-ümüz	-mız,	-miz,	-muz,	-müz
너의, 당신의	Senin	-ın,	-in,	-un,	-ün	-n			
너희들의, 당신들의	Sizin	-ınız,	-iniz,	-unuz,	-ünüz	-nız,	-niz,	-nuz,	-nüz
그의, 그녀의	Onun	-ı,	-i,	-u,	-ü	-sı,	-si,	-su,	-sü
그들의, 그녀들의	Onların	-ları,	-leri			-ları,	-leri		
불특정 3인칭 단수	Öğretmen	-ı,	-i,	-u,	-ü	-sı,	-si,	-su,	-sü

Benim öğretmenim 나의 선생님   Benim çantam 나의 가방

Bizim öğretmenimiz 우리의 선생님   Bizim çantamız 우리의 가방

Senin öğretmenin 너의 선생님　　　　Senin çantan 너의 가방

Sizin öğretmeniniz 너희들의 선생님　　Sizin çantanız 너희들의 가방

Onun öğretmeni 그의 선생님　　　　　Onun çantası 그의 가방

Onların öğretmenleri 그들의 선생님　　Onların çantaları 그들의 가방

Mina'nın öğretmeni 민아의 선생님　　　Mina'nın çantası 민아의 가방

ⓒ 복합 명사와 명사형 어미

명사와 명사가 결합하여 복합 명사가 될 경우에는 소유격이 붙지 않고, 단어 끝에 명사형 어미만 붙는다.

> **명사 1 + 명사 2 + 명사형 어미**

araba 자동차 + şirket 회사　　　　　→ araba şirketi 자동차 회사

ev 집 + hanım 부인　　　　　　　　　→ ev hanımı 주부

bilgisayar 컴퓨터 + mühendislik 공학　→ bilgisayar mühendisliği 컴퓨터 공학
참고 mühendislik의 마지막 자음이 k이기 때문에 자음조화를 일으켜 ğ로 바뀐다.

basketbol 농구 + oyuncu 선수　　　　→ basketbol oyuncusu 농구 선수

islam 이슬람 + müze 박물관　　　　　→ islam müzesi 이슬람 박물관

잠깐!

• 인칭대명사의 소유격과 명사형 어미 뒤에 격조사가 붙으면 매개자음 n가 들어간다. 단, 모음으로 끝날 때만 해당된다.

Babam araba şirketinde çalışıyor. (나의) 아빠는 자동차 회사에서 일합니다.
　　　　　　　매개자음 n + 처격조사

Ablam bilgisayar mühendisliğini okuyor. (나의) 언니는 컴퓨터 공학을 공부합니다.
　　　　　　　　　매개자음 n + 목적격조사

Kız kardeşim islam müzesine gitmek istiyor. (나의) 여동생은 이슬람 박물관에 가고 싶어 합니다.
　　　　　　　　매개자음 n + 여격조사

Benim ailemi tanıtmak istiyorum. (나의) 가족을 소개하고 싶습니다.
참고 목적격조사 '~을' 앞의 명사 ailem이 모음으로 끝나지 않기 때문에 매개자음 n를 쓰지 않는다.

1. 녹음을 들으면서 빈칸에 알맞은 말을 쓰세요.

MP3 05-3

(1) *Mehmet* Mina, senin _____ kaç yaşında?

(2) *Mina* Benim babam _____ _____.

(3) *Mehmet* _____ üniversitede ne okuyor?

(4) *Mina* Ablam üniversitede _____ _____ okuyor.

(5) *Mehmet* Öyle mi? _____ _____ de gelecekte o bölümü okumak istiyor.

2. 다음 보기 중에서 알맞은 말을 골라 대화를 완성하세요.

| 보기 | 19 yaşında   annemin   müzesi   gelecekte   Basketbol oyuncusu

(1) A Ablan nereye gidiyor?

   B Ablam islam _____ ne gidiyor.

(2) A Mehmet kaç yaşında?

   B _____ _____.

(3) A Bu kimin çantası?

   B Bu _____ çantası.

(4) A Senin erkek kardeşin mezun olduktan sonra ne olmak istiyor?

   B _____ _____ olmak istiyor.

(5) A Sen _____ ne olmak istiyorsun?

   B Öğretmen olmak istiyorum.

3. 명사의 인칭화 어미와 격조사를 사용하여 문장을 완성하세요.

> | 보기 | Babam araba şirketinde çalışıyor.

(1) Erkek kardeşim üniversitede bilgisayar _____ okuyor.   [컴퓨터 공학을]

(2) Ben gelecekte basketbol _____ olmak istiyorum.   [농구 선수]

(3) Bugün size benim aile_____ tanıtmak istiyorum.   [나의 가족을]

(4) Sizin abla_____ nereye gidiyor?   [당신의 언니]

(5) Senin kırmızı çanta_____ nerede?   [너의 빨간색 가방]

(6) Onun baba_____ İstanbul'da çalışıyor.   [그의 아버지]

4. 다음 문장을 터키어 문장으로 써 보세요.

> 저의 아빠는 54세이십니다. 자동차 회사에서 일하십니다. 저의 엄마는 주부입니다. 매일 우리에게 맛있는 음식을 해주십니다. 제 여동생은 고등학교에서 공부하고 있습니다. 졸업하고 나서 대학교에서 컴퓨터 공학을 공부하고 싶어 합니다. 저는 저의 가족을 무척 사랑합니다.

단어 araba şirketi 자동차 회사   ev hanımı 주부   lezzetli 맛있는   kız kardeş 여동생
bilgisayar mühendisliği 컴퓨터 공학

어깨너머 튀르키예

• 튀르키예 커피 •

'튜륵 카흐베씨 Türk kahvesi'라고 불리는 튀르키예 커피는 단순히 튀르키예 사람들이 즐겨 마시는 커피라는 뜻을 뛰어넘어 특유의 풍미와 독특한 제조법, 그리고 튀르키예의 커피 문화까지도 함께 상징하는 단어가 되었다.

튀르키예의 전통적인 커피 제조법은 매우 독특하면서도 정교하다. 흔히 커피를 내릴 때는 볶은 원두를 넣은 뒤 그 위에 뜨거운 물을 부어 아래쪽으로 커피를 우리는 방식이지만, 튀르키예 커피는 작은 냄비에 커피 가루와 물, 기호에 따라 설탕을 넣고 숯불 위에서 끓여내는 방식이다.

이처럼 독특한 방식으로 끓여내는 튀르키예 커피는 커피 가루와 물, 설탕 등을 어느 정도 넣느냐에 따라 그 맛이 천차만별이기 때문에 마시는 사람의 취향이나 기호도 세심하게 충족시킬 수 있다는 장점이 있다. 이러한 제조법은 그 맛과 향이 진한 것이 특징이다. 여기에 소량의 우유를 첨가하거나 '로쿰 Lokum'이라는 튀르키예의 전통 디저트를 커피와 함께 먹으며 맛을 중화시킨다.

튀르키예의 커피 문화에 한 가지 더 독특한 문화로 '커피 점 Fal'이라는 것이 있다. 튀르키예 사람들은 커피를 마신 뒤 커피 잔에 남아 있는 커피 가루의 형상으로 점을 보는데, 이처럼 커피 점을 치는 사람들을 팔즈 Falcı 라고 부른다. 팔즈 가운데는 책이나 인터넷 등을 통해 커피 점 치는 법을 배운 사람들도 있고, 직업적으로 커피 점을 봐 주는 사람도 있다. 요즘에는 커피 점을 대신 봐 주는 스마트폰의 어플리케이션도 등장했다.

커피 점을 보기 위해서는 먼저 커피를 다 마신 후 커피 잔을 거꾸로 놓아 잔이 식을 때까지 기다린다. 그 다음 잔을 다시 돌려 안에 남은 커피 가루의 모양을 주의 깊게 관찰한다. 팔즈들은 그 모양과 형상을 통해 커피를 마신 사람의 심리 상태나 주변인들과의 관계를 이야기해 주고, 또 앞으로 있을 일에 대해서도 예견해 준다.

튀르키예 커피

06. BÖLÜM

Dün toplantıya gidemedim.

어제 회의에 가지 못했어요.

학습 목표   나의 상태나 감정을 말로 하지 않으면 다른 사람이 알 수가 없겠죠?
            감정 표현과 함께 과거시제 표현까지 배우겠습니다.

주요 문법   동사의 과거시제 / 동사의 과거시제 의문형 / 동사의 과거 진행형 /
            명사와 형용사의 과거형

몸 상태

| Hastayım. | 아파요. |
| Kötüyüm. | (상태가) 나빠요. |

감정 표현

Mutluyum.	행복해요.
Yorgunum.	피곤해요.
Kızgınım.	화가 나요.
Üzgünüm.	슬퍼요.

| Uykuluyum. | 졸려요. |
| Sıkıldım. | 심심해요. |

음식 관련

| Açım. | 배고파요. |
| Tokum. | 배불러요. |

단어	뜻	비고
anlatmak	설명하다	anlamak 이해하다
aramak	전화하다, 찾다	telefon etmek 전화하다
bey	씨(남성에게 사용)	↔ hanım 씨(여성에게 사용)
bahsetmek	언급하다	탈격조사 -dan / -den과 함께 쓰는 동사이다.
-dan daha	~보다 더	-dan daha / -tan daha -den daha / -ten daha
durum	상황	
duymak	듣다	dinlemek 듣다 duymak은 짧은 시간 내에 듣는 것이고, dinlemek은 긴 시간 동안 듣는 것을 나타낸다.
dün	어제	
dünkü	어제의	bugünkü 오늘의 / yarınki 내일의
enerji tasarrufu	에너지 절약	↔ enerji israfı 에너지 낭비
Geçmiş olsun.	(아픈 사람에게) 빨리 나으세요.	어려운 상황에 처한 사람에게도 "(그 일이) 지나가기를."이라는 의미로 쓴다.
hasta	①(명사)병, 환자 ②(형용사)아픈	
hastane	병원	sigorta 보험
iyileşmek	낫다, 호전되다	↔ kötüleşmek 악화되다
konu	주제	
kötü	나쁜	↔ iyi 좋은
müdür	사장	eleman 직원
o yüzden	그래서	= bu nedenle
söylemek	말하다	= demek
şimdi	지금	
toplantı	회의	

Dün toplantıya gidemedim.

Taeho	Günaydın Deniz, nasılsın?
Deniz	Kötüyüm. Hastayım. O yüzden dün toplantıya gidemedim.
	Siz gittiniz mi?
Taeho	Geçmiş olsun. Evet, ben gittim.
Deniz	Öyle mi? Ben dün sabah 11'de hastaneye gidiyordum.
	Hasan bey'i aradım ve benim durumumu anlattım.
Taeho	Evet, ben de Hasan bey'den duydum. Şimdi iyileştin mi?
Deniz	Dünden daha iyiyim. Müdürümüz dünkü toplantıda ne söyledi?
Taeho	Enerji tasarrufu konusundan bahsetti.

어제 회의에 가지 못했어요.

태호	좋은 아침이야 데니즈, 어떻게 지내니?
데니즈	(상태가) 나빠요. 아프거든요. 그래서 어제 회의에 가지 못했어요. (당신은) 가셨어요?
태호	빨리 나아. 응, 나는 갔어.
데니즈	그래요? 저는 어제 아침 11시에 병원에 가고 있었어요. 하산 씨에게 전화를 했죠. 그리고 제 상황을 설명했어요.
태호	응, 나도 하산 씨로부터 들었어. 지금은 나았어?
데니즈	어제보단 더 나아요. 우리 사장님이 어제 회의에서 무슨 말을 했나요?
태호	에너지 절약 주제에 대해 언급했어.

/ 시간 말하기 /

Saat kaç? 몇 시입니까?

• 분침이 시계의 오른쪽(1, 2, 3, 4, 5)에 있을 때

시 + ı / i / u / ü + 분 + geçiyor

09:10	Dokuzu on geçiyor. 9시 10분이다.
18:15	Altıyı on beş geçiyor. 6시 15분이다.
11:17	On biri on yedi geçiyor. 11시 17분이다.
13:20	Biri yirmi geçiyor. 1시 20분이다.
22:25	Onu yirmi beş geçiyor. 10시 25분이다.

• 분침이 6에 있을 때

04:30	Dört buçuk. 4시 반이다.

• 분침이 시계의 왼쪽(7, 8, 9, 10, 11)에 있을 때

시 + 1 + a / e + 남은 분 + var

11:40	On ikiye yirmi var. 12시가 되기까지 20분이 남았다 (= 20분 전이다).
13:35	İkiye yirmi beş var. 2시가 되기까지 25분이 남았다 (= 25분 전이다).
09:55	Ona beş var. 10시가 되기까지 5분이 남았다 (= 5분 전이다).
22:50	On bire on var. 11시가 되기까지 10분이 남았다 (= 10분 전이다).
18:45	Yediye on beş var. 7시가 되기까지 15분이 남았다 (= 15분 전이다).

Ⓐ 동사의 과거시제

동사의 과거시제는 동사 어간에 과거시제 어미를 붙이고 인칭대명사에 따른 인칭어미를 붙여서 나타낸다. 동사 어간의 마지막 자음과 모음이 무엇인지에 따라 과거시제 어미의 형태 또한 달라진다.

동사 어간 + 과거시제 + 인칭어미

인칭대명사		과거시제 어미		인칭어미
		마지막 자음이 ç, f, h, k, p, s, ş, t 일 때	그 외	
나, 저	Ben	-tı	-dı	-m
우리	Biz			-k
너, 당신	Sen	-ti	-di	-n
너희들, 당신들	Siz	-tu	-du	-nız, -niz, -nuz, -nüz
그, 그녀	O	-tü	-dü	없음
그들, 그녀들	Onlar			-lar, -ler

Ben + okula + git + <u>ti</u> + m
동사 gitmek

→ Ben okula gittim. 나는 학교에 갔다.

Biz + gazete + oku + <u>du</u> + k
동사 okumak

→ Biz gazete okuduk. 우리는 신문을 읽었다.

Sen + hediye + al + <u>dı</u> + n
동사 almak

→ Sen hediye aldın. 너는 선물을 샀다.

Siz + yüz + <u>dü</u> + nüz
동사 yüzmek

→ Siz yüzdünüz. 너희들은 수영했다.

O + kütüphaneye + gel + <u>di</u> (인칭어미 없음)
동사 gelmek

→ O kütüphaneye geldi. 그는 도서관에 왔다.

Onlar + şiir + yaz + <u>dı</u> + lar
동사 yazmak

→ Onlar şiir yazdılar. 그들은 시를 썼다.

● '～하지 않았다' 부정형

동사 어간 뒤에 부정형 어미 -ma / -me를 붙인다.

동사 어간 + 부정형 어미 + 과거시제 + 인칭어미

Ben ~ git + me + di + m

→ Ben okula gitmedim. 나는 학교에 가지 않았다.

Biz ~ oku + ma + dı + k → Biz gazete okumadık. 우리는 신문을 읽지 않았다.

Sen ~ al + ma + dı + n → Sen hediye almadın. 너는 선물을 사지 않았다.

Siz + yüz+ me + di + niz → Siz yüzmediniz. 너희들은 수영하지 않았다.

O ~ gel + me + di (인칭어미 없음) → O kütüphaneye gelmedi. 그는 도서관에 오지 않았다.

Onlar ~ yaz+ ma + dı + lar → Onlar şiir yazmadılar. 그들은 시를 쓰지 않았다.

- '∼하지 못했다' 부정형
동사 어간 뒤에 부정형 어미 -(y)ama / -(y)eme를 붙인다.

동사 어간 + 부정형 + 과거시제 + 인칭어미

Ben ~ gid + eme + di + m → Ben okula gidemedim. 나는 학교에 못 갔다.

Biz ~ oku + yama + dı + k → Biz gazete okuyamadık. 우리는 신문을 못 읽었다.

Sen ~ al + ama + dı + n → Sen hediye alamadın. 너는 선물을 못 샀다.

Siz + yüz + eme + di + niz → Siz yüzemediniz. 너희들은 수영을 못 했다.

O ~ gel + eme + di (인칭어미 없음) → O kütüphaneye gelemedi. 그는 도서관에 못 왔다.

Onlar ~ yaz + ama + dı + lar → Onlar şiir yazamadılar. 그들은 시를 못 썼다.

> **잠깐!**
> yemek(먹다), demek(말하다) 동사에 '∼하지 못했다' 부정형 어미 -(y)ama / -(y)eme가 붙을 때는 동사 어간의 e가 탈락하고 i가 붙는다.
> yiyemedim 먹지 못했다   diyemedim 말하지 못했다

B 동사의 과거시제 의문형

동사의 과거시제는 현재시제와 달리 의문형을 만들 때, 인칭어미가 의문형 어미에 붙지 않고 과거시제 어미에 붙는다.

(동사 어간 + 과거시제 + 인칭어미) (의문형 어미)

Sen ~ gel + di + n + mi → Sen okula geldin mi? 너 학교에 왔니?

Onlar ~ git + ti + ler + mi   → Onlar müzeye gittiler mi? 그들은 박물관에 갔니?

● 의문 부정형

> (동사 어간 + 부정형 + 과거시제 + 인칭어미) 의문형 어미

Sen ~ gel + me + di + n + mi   → Sen okula gelmedin mi? 너 학교에 안 왔니?

Onlar ~ git + me + di + ler + mi   → Onlar müzeye gitmediler mi? 그들은 박물관에 안 갔니?

ⓒ 동사의 과거 진행형

과거 진행형을 표현하기 위해서는 현재시제와 과거시제를 함께 쓴다.

> 동사 어간 + 현재시제 + 과거시제 + 인칭어미

인칭대명사		과거 진행형			
나, 저	Ben	-ıyordum,	-iyordum,	-uyordum,	-üyordum
우리	Biz	-ıyorduk,	-iyorduk,	-uyorduk,	-üyorduk
너, 당신	Sen	-ıyordun,	-iyordun,	-uyordun,	-üyordun
너희들, 당신들	Siz	-ıyordunuz,	-iyordunuz,	-uyordunuz,	-üyordunuz
그, 그녀	O	-ıyordu,	-iyordu,	-uyordu,	-üyordu
그들, 그녀들	Onlar	-ıyorlardı,	-iyorlardı,	-uyorlardı,	-üyorlardı

Ben hastaneye gidiyordum. 나는 병원에 가고 있었다.

Biz hastaneye gidiyorduk. 우리는 병원에 가고 있었다.

Sen hastaneye gidiyordun. 너는 병원에 가고 있었다.

Siz hastaneye gidiyordunuz. 너희들은 병원에 가고 있었다.

O hastaneye gidiyordu. 그는 병원에 가고 있었다.

Onlar hastaneye gidiyorlardı. 그들은 병원에 가고 있었다.

● 과거 진행형의 의문형

Ben hastaneye gidiyor muydum? 나 병원에 가고 있었니?

Biz hastaneye gidiyor muyduk? 우리가 병원에 가고 있었니?

Sen hastaneye gidiyor muydun? 너 병원에 가고 있었니?

Siz hastaneye gidiyor muydunuz? 너희들 병원에 가고 있었니?

O hastaneye gidiyor muydu? 그는 병원에 가고 있었니?

Onlar hastaneye gidiyorlar mıydı? 그들은 병원에 가고 있었니?

Ⓓ 명사와 형용사의 과거형

(1) 자음으로 끝나는 명사와 형용사

명사와 형용사 기본형에 과거시제 어미 -dı(tı) / -di(ti) / -du(tu) / -dü(tü)와 인칭어미가 붙는다.

> **명사/형용사 기본형 + 과거시제 + 인칭어미**

Öğretmendim. (나는) 선생님이었어.   Memurduk. (우리는) 공무원이었어.

Güzeldim. (나는) 예뻤어.   Kızgındık. (우리는) 화가 났어.

(2) 모음으로 끝나는 명사와 형용사

명사와 형용사 기본형에 매개자음 y가 붙고 과거시제 어미 -dı(tı) / -di(ti) / -du(tu) / -dü(tü)와 인칭어미가 붙는다.

> **명사/형용사 기본형 + 매개자음 y + 과거시제 + 인칭어미**

Öğrenciydim. (나는) 학생이었어.   Paraydı. 돈이었어.

Kötüydüm. (나는 상태가) 나빴어.   Mutluydu. (그는) 행복했어.

1. 녹음을 들으면서 빈칸에 알맞은 말을 쓰세요.

MP3 **06-3**

| 보기 |　Taeho　Merhaba Deniz. Nasılsın?

(1)　Deniz　Ben _____. O yüzden dünkü toplantıya _____.

(2)　Taeho　Öyle mi? _____ _____.

　　　Deniz　Teşekkür ederim. Siz toplantıya gittiniz mi?

(3)　Taeho　Evet, ben _____.

(4)　Deniz　Müdürümüz ne _____?

(5)　Taeho　Enerji tasarrufu konusundan _____.

2. 다음 보기 중에서 알맞은 말을 골라 대화를 완성하세요.

| 보기 |　gitti　aradım　Bir yıl önce　bahsettim　Geçmiş olsun

(1)　A　Sen ne zaman Türkiyeye geldin?

　　　B　_____ _____ _____ geldim.

(2)　A　Dün seni çok _____. Neredeydin?

　　　B　Ben okuldaydım.

(3)　A　Baban nereye gitti?

　　　B　Babam dün İstanbul'a _____.

(4)　A　Emre, ben çok hastayım.

　　　B　_____ _____.

(5)　A　Dünkü toplantıda ne söyledin?

　　　B　Enerji tasarrufu konusundan _____.

3. 과거시제를 사용하여 문장을 완성하세요.

> | 보기 | Siz okula gittiniz mi?

(1) Ben sabah 11'de kütüphaneye git_____.   [과거시제]

(2) Siz müzeye gitme_____ mi?   [과거시제 부정]

(3) Onlar hastaneye gel_____.   [과거시제]

(4) Müdürümüz toplantıda ne söyle_____?   [과거시제 의문]

(5) Biz kütüphaneye gideme_____.   [과거시제 부정]

(6) O kütüphanede ders çalışma_____?   [과거시제 부정+의문]

4. 다음 문장을 터키어 문장으로 써 보세요.

(1) 저는 어제 아팠습니다.   *hasta 아픈

▶ _____

(2) 저는 아침 10시에 병원에 가는 중이었습니다.   *sabah 아침

▶ _____

(3) 그래서 회의에 못 갔습니다.   *toplantı 회의

▶ _____

(4) 우리 사장님이 어제 회의에서 무슨 말을 했나요?   *müdürümüz 우리 사장님

▶ _____

어깨너머 튀르키예

• 튀르키예의 교통수단, 돌무쉬 Dolmuş •

돌무쉬는 튀르키예의 독특한 교통수단 가운데 하나이다. 돌무쉬라는 이름은 '가득 차다'라는 뜻의 동사 'dolmak'에서 나온 말이다. 실제로 튀르키예 사람들은 돌무쉬를 무척 애용하기 때문에 늘 사람들로 붐빈다. 돌무쉬는 일반 시내버스와 택시의 중간 정도라고 생각하면 된다. 소형 승합차 크기의 돌무쉬는 시내버스처럼 정해진 운행 노선이 있지만, 승객들이 원하는 장소라면 어디든지 내리고 탈 수 있다는 점에서 택시와도 비슷하다. 각 도시에 따라 운행되는 도시가 있고 운행되지 않는 도시도 있고, 차의 크기나 요금에도 차이가 있다. 한편 돌무쉬는 단순한 교통수단을 넘어서 튀르키예 사람들의 친절과 배려, 그리고 튀르키예 교통 문화의 단면을 보여주기도 한다. 일단 돌무쉬에 탑승하면 곧장 운전기사에게 행선지를 말하고 요금을 내기도 하지만 대부분 사람들로 꽉 차 있기 때문에, 옆 사람이나 앞 사람에게 요금을 건네며 행선지를 말한다. 그것이 건너 건너 운전기사에게 전달되면 운전기사가 건넨 거스름돈이 다시 건너 건너 되돌아온다. 이 일련의 과정은 의외로 매우 신속하고 정확하게 이루어진다.

사람들로 꽉 찬 돌무쉬 안에서 운전기사가 모든 승객을 일일이 신경 쓸 수 없기 때문에 무임승차를 하거나 운전기사를 속이는 승객들이 있을 법도 하지만, 모두 각자의 양심에 따라 정직하게 요금을 내고, 이를 서로서로 건네주며 되받는 모습이 따뜻한 풍경을 연출한다.

• 만원 돌무쉬에서 요금을 전달할 때

Bunu uzatır mısınız? 이걸 전달해 주시겠어요?

• 원하는 장소에서 내리고 싶을 때

Müsait bir yerde inebilir miyim? 한적한 곳에 내릴 수 있을까요?

• 내리기 직전에

İnecek var! 내릴 사람 있어요!

돌무쉬

07. BÖLÜM

Bu tatilde Koreceyi öğreneceğim.

이번 휴가 때 한국어를 배울 거야.

학습 목표   현재와 과거에 이어 미래의 일을 말할 수 있어야 합니다. 미래시제를
이용한 계획을 말하는 법과 함께 감탄사 표현을 배우겠습니다.

주요 문법   동사의 미래시제+인칭어미 / 동사의 미래시제 의문형 /
미래시제+과거시제 / 명령형

미래시제를 사용한 표현

Bu tatilde Türkçeyi öğreneceğim.

이번 방학 때 터키어를 배울 거야.

Türk arkadaşlar edineceğim. 튀르키예인 친구들을 사귈 거야.

Akrabamızı ziyaret edeceğim. 친척을 방문할 거야.

Bugün müzeye gideceğim. 오늘 박물관에 갈 거야.

감탄사 표현

Harika! 멋지다!

Çok güzel! 멋지다!. 정말 좋다!

Süper! 최고다!

Muhteşem! 환상적이다!. 완벽하다!

단어	뜻	비고
akraba	친척	kuzen 사촌
arkadaş	친구	kanka 가장 절친한 친구
bol bol	많이	
-daki	~에 있는	-daki / -taki -deki / -teki
edinmek	사귀다, 얻다	
Elbette.	물론이지, 물론입니다	= Tabii.
gitar çalmak	기타 치다	동사 çalmak(치다)을 명사화하면 çalma(치는 것)가 된다.
göndermek	보내다	= yollamak, teslim etmek
harika	멋진, 훌륭한	
-ile beraber	~와 함께, 같이	= -ile birlikte
mektup	편지	
mutlaka	꼭, 반드시	= kesinlikle 꼭, 무조건
peki	좋아	
plan	계획	planlamak 계획하다
tatil	휴가, 휴일, 방학	tatile çıkmak 휴가를 떠나다
ve	그리고	ayrıca 또한
yardım etmek	도움이 되다, 도와주다	
yazmak	쓰다	dinlemek 듣다 okumak 읽다 konuşmak 말하다
Yunanistan	그리스	Yunanistanlı 그리스 사람 Yunanca 그리스어
ziyaret etmek	방문하다	uğramak 들르다

MP3 07-2

Bu tatilde Koreceyi öğreneceğim.

Seongjun	Zeynep, bu tatilde ne yapacaksın?
Zeynep	Ben bu tatilde Koreceyi öğreneceğim.
	Koreli arkadaşlar da bol bol edineceğim.
Seongjun	Harika bir plan! Ben de sana yardım edeceğim.
Zeynep	Çok teşekkürler. Peki, sen bu tatilde ne yapacaksın?
	Planın var mı?
Seongjun	Ben gitar çalmayı öğrenecektim. Ama ben ailemle beraber
	Yunanistan'a gideceğim. Oradaki akrabamızı ziyaret edeceğiz.
Zeynep	Çok güzel! Yunanistan'da bana mutlaka mektup yaz ve gönder.
	Tamam mı?
Seongjun	Elbette.

이번 휴가 때 한국어를 배울 거야.

성준 제이넵, 이번 휴가 때 뭐 할 거야?

제이넵 나는 이번 휴가 때 한국어를 배울 거야.

　　　한국인 친구들도 많이 사귈 거야.

성준 멋진 계획인데! 나도 너한테 도움이 돼 줄게.

제이넵 정말 고마워. 좋아, 넌 이번 휴가 때 뭐 할 거니? 계획 있어?

성준 나는 기타 치는 걸 배우려고 했어. 그런데 나는 가족들이랑 같이 그리스에 갈

　　　거야. 우린 거기에 있는 친척을 방문할 거야.

제이넵 멋지다! 그리스에서 나한테 꼭 편지 써서 보내. 알았지?

성준 물론이지.

/ 언어명 /

국명과 언어명은 첫 글자를 항상 대문자로 쓴다.

한국어	Korece	영어	İngilizce
터키어	Türkçe	이탈리아어	İtalyanca
그리스어	Yunanca	일본어	Japonca
독일어	Almanca	중국어	Çince
러시아어	Rusça	태국어	Taylandca
베트남어	Vietnamca	프랑스어	Fransızca

Grammar

A 동사의 미래시제 + 인칭어미

동사의 미래시제를 나타낼 때는 동사 어간에 a / e 모음조화에 따라 미래시제 어미 -(y)acak / -(y)ecek을 붙이고, 인칭대명사에 따른 인칭어미를 붙인다.

> 동사 어간 + 과거시제 + 인칭어미

인칭대명사		미래시제 어미	인칭어미
나, 저	Ben		-ım, -im
우리	Biz		-ız, -iz
너, 당신	Sen	-(y)acak	-sın, -sin
너희들, 당신들	Siz	-(y)ecek	-sınız, -siniz
그, 그녀	O		없음
그들, 그녀들	Onlar		-lar, -ler

Ben + Türkçeyi + öğren + eceğ + im → Ben Türkçeyi öğreneceğim. 나는 터키어를 배울 거야.
동사 öğrenmek

Biz + gazete + oku + yacağ + ız → Biz gazete okuyacağız. 우리는 신문을 읽을 거야.
동사 okumak

참고 — 주어가 'Ben'이나 'Biz'일 때는 모음으로 시작하는 인칭어미가 붙기 때문에 미래시제 어미 -(y)acak, -(y)ecek의 마지막 자음 k가 자음조화를 일으켜 ğ가 된다.

Sen + partiye + gid + ecek + sin → Sen partiye gideceksin. 너는 파티에 갈 거야.
동사 gitmek

Siz + okula + gel + ecek + siniz → Siz okula geleceksiniz. 너희들은 학교에 올 거야.
동사 gelmek

O + bunu + yap + acak (인칭어미 없음) → O bunu yapacak. 그는 이것을 할 거야.
동사 yapmak

Onlar + roman + yaz + acak + lar → Onlar roman yazacaklar. 그들은 소설을 쓸 거야.
동사 yazmak

● '~하지 않다' 부정형

동사 어간 끝에 부정형 어미 -ma / -me를 붙인다.

> 동사 어간 + 부정형 + 매개자음 y + 미래시제 + 인칭어미

Ben ~ git + me + y + eceğ + im → Ben Yunanistan'a gitmeyeceğim.
나는 그리스에 가지 않을 거야.

Onlar ~ gel + me + y + ecek + ler → Onlar okula gelmeyecekler.
그들은 학교에 안 올 거야.

● '~ 못하다' 부정형

동사 어간 끝에 부정형 어미 -(y)ama / -(y)eme를 붙인다.

> 동사 어간 + 부정형 + 매개자음 y + 미래시제 + 인칭어미

Ben ~ gid + eme + y + eceğ + im → Ben Yunanistan'a gidemeyeceğim.
나는 그리스에 못 갈 거야.

Onlar ~ gel + eme + y + ecek + ler → Onlar okula gelemeyecekler.
그들은 학교에 못 올 거야.

Ⓑ 동사의 미래시제 의문형

미래시제를 쓰고 의문형 어미와 인칭어미를 붙인다.

> (동사 어간 + 미래시제) (의문형 + 인칭어미)

Sen ~ öğren + ecek + mi + sin → Sen Koreceyi öğrenecek misin?
너는 한국어를 배울 거니?

O ~ gid + ecek + mi (인칭어미 없음) → O Yunanistan'a gidecek mi?
그가 그리스에 갈 것입니까?

단, 주어가 onlar일 때는 인칭어미가 미래시제 뒤에 붙는다.

> (동사 어간 + 미래시제 + 인칭어미) 의문형

Onlar ~ yaz + acak + lar + mı? → Onlar mektup yazacaklar mı?
그들이 편지를 쓸 것입니까?

C 미래시제+과거시제(~하려고 했다)

미래시제 어미에 과거시제 어미를 결합하면 '~하려고 했다'의 뜻이 된다. 이때도 역시 마지막에는 인칭대명사에 따른 인칭어미를 붙인다.

> **동사 어간 + 미래시제 + 과거시제 + 인칭어미**

Ben Koreceyi öğrenecektim. 나는 한국어를 배우려고 했다.

Siz Yunanistan'a gidecektiniz. 너희들은 그리스에 가려고 했다.

O okula gelmeyecekti. 그는 학교에 오지 않으려고 했다.

● 의문형

의문형 어미와 과거시제 어미 사이에 붙는 매개자음 y에 유의한다.

Sen Koreceyi öğrenecek miydin? 너 한국어를 배우려고 했니?

Onlar okula gelmeyecekler miydi? 그들은 학교에 안 오려고 했니?

Siz bu kitabı okuyacak mıydınız? 당신은 이 책을 읽으려고 하셨나요?

D 명령형

명령형 표현을 쓸 때는 동급이나 아랫사람에게 쓰는 경우와 정중하게 대해야 할 상대에게 쓰는 표현 등 크게 2가지로 나눈다.

(1) 일반 명령형

친구나 아랫사람 등 편한 상대에게 쓸 때는 동사 어간만 사용해서 표현한다.

Bana mektup yaz. 나한테 편지 써.

Bana mektup yazma. 나한테 편지 쓰지 마.

Bunu yap. 이거 해.

Bunu yapma. 이것 하지 마.

⑵ 공손한 명령형

명령형 문장을 쓰더라도 상대가 윗사람이거나 여러 사람에게 말하는 상황일 때는 공손한 표현을 써야 한다. 이때는 동사의 어간만 사용하여 표현하지 않고, ı / i / u / ü 모음조화에 따라 동사 어간에 -(y)ın / -(y)in / -(y)un / -(y)ün을 붙인다. 여기에 좀 더 정중한 표현을 쓰고 싶다면 동사 어간에 -(y)ınız / -(y)iniz / -(y)unuz / -(y)ünüz를 붙인다. 명령형 표현 앞에 lütfen(제발, 부디)을 함께 써 주면 더욱 공손한 표현이 된다.

Bana mektup yazın. 저에게 편지를 쓰세요.

Bana mektup yazınız. 저에게 편지를 써 주세요.

Bana mektup yazmayın. 저에게 편지를 쓰지 마세요.

Bana mektup yazmayınız. 저에게 편지를 쓰지 말아 주세요.

Bunu yapın. 이것을 하세요.

Bunu yapınız. 이것을 해 주세요.

Bunu yapmayın. 이것을 하지 마세요.

Bunu yapmayınız. 이것을 하지 말아 주세요.

잠깐!

• 터키어의 명령형 표현 가운데 특이한 것으로 제삼자를 향한 명령형 표현이 있다. ı / i / u / ü 모음조화에 따라 동사 어간에 -sın / -sin / -sun / -sün을 붙인다.

Mehmet de yarın okula gelsin. 메흐멧도 내일 학교에 오라고 해(=하세요).
Deniz bunu Yunanistan'a göndersin. 데니즈(에게) 이것을 그리스로 보내라고 해(=하세요).
Zeynep bu kitabı okusun. 제이넵(에게) 이 책을 읽으라고 해(=하세요).
Onlar kütüphaneye gitsinler. 그들(에게) 도서관에 가라고 해(=하세요).

1. 녹음을 들으면서 빈칸에 알맞은 말을 쓰세요.

🔘 MP3 **07-3**

| 보기 | *Seongjun* Zeynep, bu tatilde bir planın var mı?

(1) *Zeynep* Evet, var. Ben bu tatilde Koreceyi _____.

(2) *Seongjun* Harika! Ben de sana _____ _____.

(3) *Zeynep* Çok teşekkür ederim, Seongjun. Sen bu tatilde ne _____?

(4) *Seongjun* Ben bu tatilde Yunanistan'a _____.

(5) *Zeynep* Öyle mi? _____ mutlaka mektup _____. Tamam mı?

2. 다음 보기 중에서 알맞은 말을 골라 대화를 완성하세요.

| 보기 | yazacağım gitmeyeceğiz göndererek misiniz yaz gelsin

(1) A Ben yarın toplantıya gideceğim. Siz gidecek misiniz?

B Hayır, _____.

(2) A Sen Türkiye'de bana mektup yazacak mısın?

B Mutlaka _____.

(3) A Ben yarın Kore'ye gideceğim.

B Harika! Bana mektup _____.

(4) A Siz bana mektup _____ _____?

B Elbette.

(5) A Seongjun, yarın Zeynep de okula _____.

B Tamam.

3. 미래시제와 명령형을 사용하여 문장을 완성하세요.

> | 보기 |　Siz yarın kütüphaneye gidecek misiniz?
>
> 　　　　Sen de bugün okula gel.

(1) Sen Türkiye'ye gel_____ misin?　　　　　　　[미래시제]

(2) Onlar bu tatilde Koreceyi öğren_____ mi?　　　[미래시제]

(3) Ben İstanbul'daki akrabamı ziyaret _____.　　　[미래시제]

(4) Sen Yunanistan'a gittikten sonra mutlaka bana mektup _____.　　[명령형]

(5) Siz bu tatilde gitar çalmayı öğren_____.　　　[명령형]

(6) Mehmet, yarın Zeynep de kütüphaneye gel_____.　　[명령형]

4. 다음 문장을 터키어 문장으로 써 보세요.

> 저는 이번 휴가 때 일본어를 배울 겁니다. 왜냐하면 일본에 있는 친구를 방문할 거거든요. 일본에서 엄마에게 편지도 쓸 겁니다. 일본에서 한국으로 오고 나서는 기타 치기를 배울 겁니다.

단어　**Japonca** 일본어　　**çünkü** 왜냐하면　　**mektup** 편지　　**gitar çalma** 기타 치기

어깨너머 튀르키예

• 튀르키예의 한류 열풍 •

이제 더 이상 '한류'라는 단어가 어색하지 않을 만큼 세계 곳곳에서 한류 열풍이 거세다. 튀르키예에서도 예외는 아니다. 한류 열풍이 몰려온 나라들 가운데 둘째가라면 서러워할 만큼 튀르키예 사람들의 한국 사랑은 무척이나 깊다.

서로를 '형제의 나라'라 칭하면서도 튀르키예 사람들을 향한 한국인의 관심이나 사랑보다, 한국인을 향한 튀르키예 사람들의 관심과 사랑이 더욱 크다 보니 튀르키예 내에서는 '이제 한국을 향한 짝사랑을 그만두자'는 말이 나오기도 했다고 한다.

이와 같은 일종의 서운한 마음은 2002년 한일 월드컵 당시 한국과 튀르키예의 3·4위전 경기가 치러진 이후 눈 녹듯 사라졌다는 후문이 있다. 관중석 위로 물결치던 대형 태극기와 튀르키예 국기가 다시금 튀르키예 사람들을 감동시켰기 때문이다. 또한 경기가 모두 끝난 뒤 승패에 관계없이 양국의 선수들이 서로서로 손을 맞잡고 관중들에게 인사하는 모습은 한국과 튀르키예뿐만 아니라 전 세계를 감동시키기에 충분했다.

이처럼 한국과 튀르키예 사이에는 '형제의 나라' 이상의 우정과 문화적인 끈끈함이 강하게 존재하고 있다. 그리고 튀르키예에서 휘몰아치는 한류 열풍은 단순히 한국의 가요나 아이돌 그룹, 또는 드라마에만 국한된 것이 아니라 한국의 전통, 언어, 건축 양식, 음식 문화 등 다양한 방면에 깊이 있게 스며들어 있다.

한국의 모 방송 프로그램 포맷이 튀르키예로 수출되어 각색되기도 하고, 한국에서 유행한 영화나 드라마의 스토리가 튀르키예식으로 각색되는가 하면 튀르키예의 많은 대학에서 한국어 수업이 개강되는 등 튀르키예에서 한류 열풍은 더 이상 새삼스러운 일이 아닐 정도이다.

앙카라에 있는 한국 문화원에서는 한국어 수업, 태권도 강습 외에 각종 한국 문화를 체험하는 자리를 마련하여 한류 문화를 더욱 알리는 데 이바지하고 있다.

그러나 진정한 한류는 한쪽 방향으로만 향하는 흐름이 아니라, 양국 간의 활발한 교류가 이루어질 때 그 진짜 의미를 가질 수 있을 것이다. 터키어를 학습하는 여러분이야말로 한국 내에 튀르키예를 더 넓고 깊게 알릴 수 있는 첨병 역할을 해낼 수 있길 바라는 바이다.

08. BÖLÜM

Randevu numaranızı söyler misiniz?

예약 번호를 말씀해 주시겠어요?

학습 목표　어느 나라나 때에 따른 인사가 따로 있습니다. 각 상황에 따른 인사와
터키어만의 독특한 초월시제에 대해서 배우겠습니다.

주요 문법　동사의 초월시제 / 초월시제의 부정형 / 초월시제의 의문형 / 가정형

이 과에서 배울 주요 표현을 미리 들어 보세요.　　　　　　　　　　MP3 **08-1**

때에 따른 인사법

Günaydın.	좋은 아침이에요.
İyi akşamlar.	좋은 오후(저녁) 시간 보내세요.
İyi geceler.	안녕히 주무세요.
İyi günler.	좋은 하루 보내세요.

초월시제를 사용한 표현

Randevu numaranızı söyler misiniz?	예약 번호를 말씀해 주시겠어요?
Her akşam parkta koşarım.	매일 저녁 공원에서 뜁니다.
Her gün spor yaparım.	매일 운동을 합니다.

단어	뜻	비고
ağrımak	아프다	= acımak
almak	①받다, ②사다	↔ vermek 주다 / satmak 팔다
akşam	저녁, 오후	↔ sabah 아침, 오전
asla	절대	
bacak	다리	ayak 발 / kol 팔 / el 손
bakmak	보다	
böyle	이렇게	şöyle 저렇게 / öyle 그렇게
bugünlerde	최근에, 요즘에	= son günlerde
değil mi?	(문장 끝에서) 그렇죠? 맞죠?	
eğer	만약	
Günaydın.	(아침 인사로) 안녕하세요.	= İyi sabahlar. 점심 인사 Tünaydın. / 저녁 인사 İyi akşamlar. / 밤 인사 İyi geceler.
hemen	바로, 곧장	
hiç	(부정문에서) 전혀	
kontrol etmek	확인하다	
koşmak	뛰다	emeklemek 기다
Nasıl yardımcı olabilirim?	어떻게 도와드릴까요?	
numara	번호	
önce	먼저, 전에	↔ sonra 후에
park	공원	piknik 소풍
randevu	예약	= rezervasyon
sadece	그냥, 단지	
spor yapmak	운동하다	
yürümek	걷다	

Randevu numaranızı söyler misiniz?

Doktor	Günaydın. Nasıl yardımcı olabilirim?
Yeji	Üç gün önce randevu aldım.
Doktor	Tamam, hemen bakıyorum.
	Önce randevu numaranızı söyler misiniz?
Yeji	Benim randevu numaram 5060.
Doktor	Şimdi kontrol ettim. Bacağınız ağrıyor değil mi?
Yeji	Evet. Ben her akşam parkta koşarım ve spor yaparım.
	Ama bugünlerde hiç koşamıyorum.
Doktor	Böyle bacağınız ağrırsa asla koşmayın.
	Eğer spor yapmak istiyorsanız sadece yürüyün.
Yeji	Tamam. Teşekkür ederim.

예약 번호를 말씀해 주시겠어요?

의사	안녕하세요. 어떻게 도와드릴까요?
예지	3일 전에 예약을 받았어요.
의사	알겠어요. 바로 보죠. 먼저 예약 번호를 말씀해 주시겠어요?
예지	제 예약 번호는 5060이에요.
의사	지금 확인했어요. 다리가 아프신 거 맞죠?
예지	네. 저는 매일 저녁 공원에서 뛰고 운동을 해요. 하지만 최근에는 전혀 못 뛰어요.
의사	이렇게 다리가 아프면 절대 뛰지 마세요. 만약 운동을 하고 싶으시다면 그냥 걸으세요.
예지	알겠습니다. 감사해요.

/ 신체 관련 용어 /

몸	beden	눈	göz	귀	kulak	등	sırt
머리	baş	코	burun	손	el	배	karın
얼굴	yüz	입	ağız	발	ayak	가슴	göğsü

/ 모음 탈락 /

신체어 중 일부는 명사형 어미가 결합되면서 모음이 탈락해 단어의 변형이 생기기도 한다.

'코'를 뜻하는 단어는 burun이지만, 앞의 benim에 대한 명사형 어미가 결합되면서 모음 u가 탈락해 burnum이 된다.	코 burun	→	나의 코 burnum
입을 뜻하는 단어는 ağız이지만, 앞의 benim에 대한 명사형 어미가 결합되면서 모음 ı가 탈락해 ağzım이 된다.	입 ağız	→	나의 입 ağzım
'배'를 뜻하는 단어는 karın이지만, 앞의 senin에 대한 명사형 어미가 결합되면서 모음 ı가 탈락해 karnın이 된다.	배 karın	→	너의 배 karnın

A 동사의 초월시제

터키어에는 기본 3시제인 과거·현재·미래시제 이외에 '초월시제'가 있다. 일반적인 사실이나 반복되는 습관을 표현할 때, 상대에게 무언가를 부탁하거나 의견을 물어볼 때, 가까운 미래의 일 등을 나타낼 때 초월시제를 사용한다.

> 동사 어간 + 초월시제 + 인칭어미

⑴ 동사 어간에 모음이 하나일 때

a / e 모음조화에 의해 -ar / -er가 붙는다. 어간이 모음으로 끝날 때는 r만 붙인다.

동사	초월시제	동사	초월시제
sevmek 사랑하다	sever	okumak 읽다	okur
gitmek 가다	gider	koşmak 뛰다	koşar

Ben her sabah gazete okurum. 나는 매일 아침 신문을 읽는다.

Biz her sabah gazete okuruz. 우리는 매일 아침 신문을 읽는다.

Sen her sabah gazete okursun. 너는 매일 아침 신문을 읽는다.

Siz her sabah gazete okursunuz. 너희들은 매일 아침 신문을 읽는다.

O her sabah gazete okur. 그는 매일 아침 신문을 읽는다.

Onlar her sabah gazete okurlar. 그들은 매일 아침 신문을 읽는다.

⑵ 동사 어간에 모음이 2개 이상일 때

ı / i / u / ü 모음조화에 의해 -ır / -ir / -ur / -ür가 붙는다. 이때도 역시 어간이 모음으로 끝날 때는 r만 붙인다.

동사	초월시제	동사	초월시제
hatırlamak 기억하다	hatırlar	yürümek 걷다	yürür
konuşmak 이야기하다	konuşur	öğrenmek 배우다	öğrenir

Ben yarın seninle konuşurum. 내가 내일 너와 이야기할게.

Biz yarın seninle konuşuruz. 우리가 내일 너와 이야기할게.

Sen yarın benimle konuşursun. 너는 내일 나와 이야기할 거야.

Siz yarın benimle konuşursunuz. 너희들은 내일 나와 이야기할 거야.

O yarın benimle konuşur. 그는 내일 나와 이야기할 거야.

Onlar yarın benimle konuşurlar. 그들은 내일 나와 이야기할 거야.

(3) 예외 동사 13개

규칙에서 벗어나는 동사 13개는 형태를 따로 기억해 두어야 한다.

동사	초월시제	동사	초월시제
bilmek 알다	bilir	gelmek 오다	gelir
almak 받다, 사다	alır	görmek 보다	görür
ölmek 죽다	ölür	olmak 되다	olur
bulmak 찾다	bulur	vermek 주다	verir
durmak 멈추다	durur	varmak 도착하다	varır
sanmak 가정하다	sanır	kalmak 머물다	kalır
vurmak 때리다	vurur		

Bunu verir misin? 이거 줄래?

Yarın partiye gelir misin? 내일 파티에 오겠니?

B 초월시제의 부정형

초월시제의 부정형 어미는 -maz / -mez이다. '~하지 못하다' 부정형 어미는 -(y)amaz, -(y)emez가 된다. 단, 주어가 Ben 또는 Biz일 때는 형태가 바뀐다.

Ben her akşam spor yapamam. 나는 매일 저녁 운동하지 못한다.

Biz her akşam spor yapamayız. 우리는 매일 저녁 운동하지 못한다.

Sen her akşam spor yapamazsın. 너는 매일 저녁 운동하지 못한다.

Siz her akşam spor yapamazsınız. 너희들은 매일 저녁 운동하지 못한다.

O her akşam spor yapamaz. 그는 매일 저녁 운동하지 못한다.

Onlar her akşam spor yapamazlar. 그들은 매일 저녁 운동하지 못한다.

ⓒ 초월시제의 의문형

초월시제 및 초월시제 부정형에 의문형 어미 mı / mi / mu / mü와 인칭어미를 붙여주면 된다.

(동사 어간 + 초월시제) (의문형 어미 + 인칭어미)

Sen her akşam spor yapar mısın? 너는 매일 저녁 운동 하니?

Siz bir saat sonra buraya gelir misiniz? 너희들 1시간 후에 여기로 올래?

Onlar her sabah gazete okurlar mı? 그들은 매일 아침 신문을 읽나요?

참고 – 주어가 Onlar일 때는 인칭어미가 초월시제 어미 뒤에 붙는다.

ⓓ 가정형

동사 어간에 초월시제를 붙이고 a / e 모음조화에 따라 가정형 어미 sa / se를 붙인 뒤 인칭대명사에 따른 인칭어미를 붙인다.

동사 어간 + 초월시제 + sa / se + 인칭어미

인칭대명사		인칭어미
나, 저	Ben	-m
우리	Biz	-k
너, 당신	Sen	-n
너희들, 당신들	Siz	-nız, -niz
그, 그녀	O	없음
그들, 그녀들	Onlar	-lar, -ler

Sen Türkiye'ye gidersen **mutlaka İstanbul'a da git.**

너 튀르키예에 가면 꼭 이스탄불에도 가.

Siz onu görürseniz **aşık olacaksınız.**

너희들이 그를 본다면 사랑에 빠질 거야.

Onlar kütüphaneye gelirlerse beni ara.

그들이 도서관에 오면 나한테 전화해.

참고 – 주어가 Onlar일 때는 인칭어미가 가정형 어미보다 앞에 나온다.

Bu kitap güzelse sana da alacağım.

이 책이 좋으면 너한테도 사 줄게.

참고 – 가정형 어미 sa / se는 동사뿐만 아니라 형용사, 명사에도 붙을 수 있다.

O öğretmense ondan ders almak isterim.

그가 선생님이라면 그로부터 수업 듣기를 원할 것이다.

Siz doktor değilseniz neden buradasınız?

당신들이 의사가 아니라면 왜 여기에 있는 거죠?

Siz Koreceyi öğrenirseniz Korelilerle konuşacaksınız.

너희들이 한국어를 배운다면 한국인들과 이야기할 거야.

Sen bunu yapmak istemezsen yapma.

너 이거 하고 싶지 않으면 하지 마.

O kütüphaneye gitmezse ben de gitmeyeceğim.

그가 도서관에 가지 않으면 나도 안 갈 거야.

또한 가정형은 초월시제뿐만 아니라 현재시제나 미래시제 어미들과도 함께 쓸 수 있다.

Eğer spor yapmak istiyorsanız sadece yürüyün.   만약 운동을 하고 싶으시다면 그냥 걸으세요.
                    현재시제

Partiye geleceksen beni ara.   파티에 올 거면 나한테 전화해.
             미래시제

1. 녹음을 들으면서 빈칸에 알맞은 말을 쓰세요.

MP3 08-3

| 보기 | Doktor Merhaba. Ben nasıl yardımcı olabilirim?

(1) Yeji Ben beş gün önce _____ _____ .

(2) Doktor Öyle mi? O zaman randevu numaranız _____ _____ ?

(3) Yeji _____ randevu _____ 5060.

(4) Doktor _____ ağrıyor değil mi?

(5) Yeji Evet. O yüzden _____ hiç müzik _____ .

2. 다음 보기 중에서 알맞은 말을 골라 대화를 완성하세요.

| 보기 | gider   severim   koşamıyorum   san   öğrenirsek

(1) A Maalesef ben bunu yapamam.

   B Yapamaz_____ yapma.

(2) A Sen gitar çalmayı seviyor musun?

   B Evet, çok _____ .

(3) A Ben de Koreceyi öğrenmek istiyorum.

   B Biz Koreceyi _____ Koreliler ile konuşacağız.

(4) A Sen yarın partiye _____ misin?

   B Hayır, ben gidemem.

(5) A Bacağınız ağrıyor değil mi?

   B Evet. O yüzden bugünlerde hiç parkta _____ .

3. 초월시제와 가정형을 사용하여 문장을 완성하세요.

> | 보기 |　Sen yarın müzeye gider misin?
>
> 　　　　 Eğer sen okula gidersen bana söyle.

(1) Ben her sabah gazete oku_____.　　　　　　　　[초월시제]

(2) Bacağım ağrıyor. O yüzden bugünlerde hiç spor yap_____.　[초월시제 부정형]

(3) Biz her gün parkta koş_____.　　　　　　　　[초월시제]

(4) Sen Türkiye'ye gider_____ bana mutlaka mektup yaz.　[가정형]

(5) Onlar kütüphaneye gitmez_____ ben de gitmeyeceğim.　[가정형]

(6) O Türkçeyi öğren_____ Türkler ile konuşacak.　　[가정형]

4. 다음 문장을 터키어 문장으로 써 보세요.

> 요즘에는 매일 아침 공원에서 운동을 못 해. 왜냐하면 다리가 매우 아프거든. 다리가 나을 때까지 운동을 안 할 거야. 물론 다리가 나으면 매일 아침 운동을 하고 매일 저녁 공원에서 뛸 거야.

단어　bugünlerde 요즘　　bacak 다리　　iyileşmek 낫다　　koşmak 뛰다

어깨너머튀르키예

• 튀르키예의 심장, 이스탄불 •

이스탄불은 튀르키예의 최대 도시이자 튀르키예의 심장으로 불리는 상징적인 도시이다. 그러다 보니 이스탄불을 튀르키예의 수도로 잘못 알고 있는 사람들도 있다. 그만큼 이스탄불은 지리적, 역사적, 문화적으로 튀르키예를 가장 잘 상징하고 있는 도시라 할 수 있다.

이스탄불은 튀르키예의 서부에 위치해 있으며 보스포러스 해협을 중심으로 유럽 지구와 아시아 지구로 나뉘기 때문에 유럽과 아시아 양쪽에 모두 걸쳐 있는 셈이다. 튀르키예가 '동서양의 교차로', '동서양의 박물관' 등으로 불리는 까닭 또한 여기에 있다.

동로마 제국 시대 당시 '콘스탄티노폴리스'라고 불리던 이스탄불은 오스만 제국 시대까지 수도로서 기능을 하며 유구한 역사를 자랑하게 되었다. 수많은 유적이 발견된 역사의 현장 이스탄불에는 신석기 시대를 비롯한 인간 문명의 탄생, 이스탄불 땅 위에서 찬란히 빛났던 제국들의 영광이 다양한 박물관 및 관광 지역을 통해 보존되어 있다.

특히 이스탄불이 오스만 제국의 수도로서 기능하던 당시, 많은 수도원 및 성당들이 이슬람교의 사원(모스크)으로 개조되었는데, 튀르키예의 가장 유명한 관광 명소라고 할 수 있는 '아야소피아 성당' 역시 여기에 속한다. 아야소피아 성당은 현재 박물관으로서 관광객들에게 개방되어 있고, 전 세계의 많은 관광객이 이곳을 찾는다. 아야소피아 성당은 역사적, 문화적인 측면은 물론 건축학적 측면에서 또한 현재까지 남아 있는 역사적인 명소 가운데 정수로 꼽히는 곳이다. 또한 당시 이슬람 교도들에 의해 많은 수도원 및 성당들이 이슬람 사원으로 개조되긴 하였으나 이를 완전히 훼손시키거나 붕괴시키지 않고 보존한 덕분에 이스탄불이 다문화 도시로 발전할 수 있었다.

이스탄불은 교통 시설 또한 무척 다양하고 편리한 편이다. 워낙 규모가 크고 인구가 밀집되어 있는 도시이기 때문에 지하철, 버스, 트램 등 다양한 교통 시설이 완비되어 있다. 특히 2013년에 개통된 이스탄불의 해저 터널이자 통근 철도 노선인 마르마라이 Marmaray 가 무척 흥미롭다. 유럽 지구와 아시아 지구를 연결하는 해저 터널이기 때문에 이 마르마라이에 탑승하면 바다 밑을 횡단하고 있다는 기분 탓에 괜히 가슴이 두근거린다.

역사와 문화, 과거와 현재가 공존하며 숨 쉬고 있는 아름다운 도시 이스탄불! 꼭 한 번 방문해 보자.

이스탄불 갈라타 타워(Galata Tower)

이스탄불 그랜드 바자르(Grand Bazaar)

09. BÖLÜM

Yarın partiye gelebilir misin?

내일 파티에 올 수 있니?

학습 목표 다른 사람과 무엇인가를 함께하고 싶거나 가능한지를 묻고 싶을 때
어떻게 표현하는지를 배우겠습니다.

주요 문법 가능형 / 동사의 활용형: ~하고, ~하면서 / 청유형 문장: ~하자

가능한지 물을 때

Partiye gelebilir misin?

(너) 파티에 올 수 있니?

Bu ödevi bitirebilir misiniz?

(당신) 이 숙제를 끝낼 수 있으신가요?

Bu tatilde Türkiye'ye gidebilir miyim?

(저) 이번 휴가 때 튀르키예에 갈 수 있나요?

다른 사람에게 청할 때

Hediye alalım.   선물을 사자.

Partiye gidelim.   파티에 가자.

Eve dönelim.   집에 돌아가자.

Ödevi bitirelim.   숙제를 끝내자.

Televizyon izleyelim.   텔레비전을 보자.

단어	뜻	비고
bitirmek	끝내다	bitmek 끝나다 ↔ başlamak 시작하다
bize	우리에게	biz (우리) + e (여격조사)
daha	①더 ②아직	
doğum günü partisi	생일파티	doğum günü 생일 doğum tarihi 생년월일
dönmek	돌아가다	
ev	집	
fazla	과한, 너무 많이	
gerçekten	정말, 진짜	= cidden, hakikaten
hala	아직	= daha, henüz
hediye	선물	
hoca	선생님	= öğretmen hoca는 일반적인 호칭으로 쓰이며, öğretmen은 직업으로서의 선생, 교사를 의미한다.
için	①~을 위해 ②~에 있어서	
izlemek	시청하다	= seyretmek
Kızılay	크즐라이	앙카라의 시내
mağaza	가게	= dükkan
olmak	되다, 있다	터키어의 대표적인 조동사로서 '있다'의 뜻으로 쓰기도 한다.
ödev	과제, 숙제	
parfüm	향수	
parti	파티	'정당'의 의미도 있다.
Selam.	안녕.	친구나 아랫사람에게 인사할 때 쓰는 인사 표현이다.
televizyon	텔레비전	radyo 라디오
vermek	주다	↔ almak 받다

Yarın partiye gelebilir misin?

Emre	Selam Mina. Nereye gidiyorsun?
Mina	Selam. Ben kütüphanede ödev yapıp eve dönüyorum.
Emre	Ben dün televizyon izleyerek ödev yaptım.
	O yüzden daha bitiremedim.
Mina	Ben de hala bitiremedim. Hoca bize çok fazla ödev verdi değil mi?
Emre	Evet. Aaa, sen yarın partiye gelebilir misin?
	Mehmet'in doğum günü partisi var.
Mina	Bilmem. Ödevi bitirirsem olabilir.
Emre	Gidelim. Mehmet için güzel bir hediye de alalım.
	Kızılay'daki bir mağazada güzel parfümler var.
Mina	Hımm... Tamam o zaman.

내일 파티에 올 수 있니?

엠레   안녕, 민아야. 어디 가니?

민아   안녕. 나 도서관에서 숙제하고 집에 돌아가는 중이야.

엠레   나는 어제 텔레비전 보면서 숙제했어. 그래서 아직 못 끝냈어.

민아   나도 아직 못 끝냈어. 선생님이 우리한테 너무 많은 숙제를 주셨어 그렇지?

엠레   응. 참, 너 내일 파티에 올 수 있니? 메흐멧의 생일 파티가 있어.

민아   모르겠어. 숙제를 끝내면 될 수도 있어.

엠레   가자. 메흐멧을 위한 멋진 선물도 사자. 크즐라이에 있는 한 가게에 멋진 향수들이 있어.

민아   흠… 그래 그럼.

/ 기념일, 명절 /

결혼기념일	evlilik yıl dönümü	
명절	bayram	
어린이날	çocuk bayramı	4월 23일
어버이날	anneler günü	5월의 두 번째 일요일
여성의 날	kadınlar günü	3월 8일
스승의 날	öğretmen günü	11월 24일
크리스마스(12월 25일)	noel günü	12월 25일
라마단	ramazan	이슬람 달력에 의해 매년 11일씩 앞당겨진다.

Ⓐ 가능형

가능형은 동사 어간에 a / e 모음조화에 따라 -(y)abilir / -(y)ebilir를 붙이고 인칭대명사에 따른 인칭어미를 붙인다.

| 동사 어간 + 가능형 + 인칭어미 |

인칭대명사		미래시제 어미	인칭어미
나, 저	Ben		-im
우리	Biz		-iz
너, 당신	Sen	-(y)abilir	-sin
너희들, 당신들	Siz	-(y)ebilir	-siniz
그, 그녀	O		없음
그들, 그녀들	Onlar		-ler

Ben yarın partiye gidebilirim. 나는 내일 파티에 갈 수 있어.

Biz bunu yapabiliriz. 우리는 이것을 할 수 있어.

Sen artık spor yapabilirsin. 너는 이제 운동을 할 수 있어.

Siz okula gelebilirsiniz. 너희들은 학교에 올 수 있어.

O roman yazabilir. 그는 소설을 쓸 수 있어.

Onlar yemek yiyebilirler. 그들은 음식을 먹을 수 있어.

참고 동사 yemek(먹다)과 demek(말하다)에 가능형 어미가 붙을 때는 어간의 모음 e가 탈락하고 i가 붙는다.

● 가능형의 부정: ～할 수 없다

가능형의 부정형에는 '～하지 않다'와 '～하지 못하다' 2가지가 있다. '～하지 않다' 부정형에는 부정형 어미 -ma / -me가 붙고, '～하지 못하다' 부정형에는 -(y)ama / -(y)eme가 붙는다.

| 동사 어간 + 부정형 + 가능형 + 인칭어미 |

Ben yarın partiye gitmeyebilirim. 나는 내일 파티에 안 갈 수도 있다.

Biz bunu yapmayabiliriz. 우리는 이것을 안 할 수도 있다.

Sen spor yapmayabilirsin. 너는 운동하지 않을 수도 있다.

Siz okula gelmeyebilirsiniz. 너희들은 학교에 오지 않을 수도 있다.

O roman yazmayabilir. 그는 소설을 안 쓸 수도 있다.

Onlar yemek yemeyebilirler. 그들은 음식을 먹지 않을 수도 있다.

Ben yarın partiye gidemeyebilirim. 나는 내일 파티에 못 갈 수도 있다.

Biz bunu yapamayabiliriz. 우리는 이것을 못할 수도 있다.

Sen spor yapamayabilirsin. 너는 운동하지 못할 수도 있다.

Siz okula gelemeyebilirsiniz. 너희들은 학교에 못 올 수도 있다.

O roman yazamayabilir. 그는 소설을 못 쓸 수도 있다.

Onlar yemek yiyemeyebilirler. 그들은 음식을 못 먹을 수도 있다.

단, '절대 ~할 수 없다' 또는 '절대 ~하지 않을 것이다'를 표현하기 위해서는 초월시제(8과 참조)의 부정형을 쓰면 된다.

Ben yarın partiye gitmem. 나는 내일 파티에 안 가. (= 절대 가지 않을 것이다.)

Ben yarın partiye gidemem. 나는 내일 파티에 못 가. (= 절대 가지 못한다.)

● 가능형의 의문: ~할 수 있니?

동사 어간에 가능형 어미를 붙여 가능형 표현을 만들고, 의문형 어미에 인칭어미를 붙여주면 가능형의 의문 형태가 완성된다.

> (동사 어간 + 가능형 어미) (의문형 어미 + 인칭어미)

Ben yarın partiye gidebilir miyim? 나 내일 파티에 갈 수 있니?

Biz bunu yapabilir miyiz? 우리 이것을 할 수 있니?

Sen spor yapabilir misin? 너 운동할 수 있니?

Siz okula gelebilir misiniz? 너희들 학교에 올 수 있니?

O roman yazabilir mi? 그가 소설을 쓸 수 있니?

Onlar yemek yiyebilirler mi? 그들이 음식을 먹을 수 있니?

참고 ─ 주어가 onlar일 때는 인칭어미가 의문형 어미에 붙지 않고, 가능형 어미 뒤에 붙는다.

Ⓑ 동사의 활용형: ~하고, ~하면서

● ~하고

행동이나 상태를 나열하는 표현을 할 때 사용한다. ı / i / u / ü 모음조화에 따라 동사 어간에 -(y)ıp / -(y)ip / -(y)up / -(y)üp를 붙인다.

> **동사 어간 + -(y)ıp / -(y)ip / -(y)up / -(y)üp**

Ödevi bitirip televizyon izledim. 숙제를 끝내고 텔레비전을 봤다.

Televizyon izleyip ödev yaptım. 텔레비전을 보고 숙제를 했다.

Hediye alıp eve döndüm. 선물을 사고 집에 돌아왔다.

Spor yapıp yemek yedim. 운동을 하고 밥을 먹었다.

Gazete okuyup duş aldım. 신문을 읽고 샤워를 했다.

● ~하면서

일이나 행동이 동시에 일어날 때 사용한다. a / e 모음조화에 따라 동사 어간에 -(y)arak / -(y)erek을 붙인다.

> **동사 어간 + -(y)arak / -(y)erek**

Ödev yaparak televizyon izledim. 숙제를 하면서 텔레비전을 봤다.

Televizyon izleyerek ödev yaptım. 텔레비전을 보면서 숙제를 했다.

Müzik dinleyerek ders çalıştım. 음악을 들으면서 공부를 했다.

Yemek pişirerek radyo dinledim. 음식을 하면서 라디오를 들었다.

Şiir yazarak onu düşündüm. 시를 쓰면서 그녀를 생각했다.

ⓒ 청유형 문장: ~하자

상대에게 어떤 것을 권유하거나 상대의 동조를 바랄 때 쓰는 표현이다. a / e 모음조화에 따라 동사 어간에 -(y)alım / -(y)elim을 붙인다.

> **동사 어간 + -(y)alım / -(y)elim**

Yarın partiye gidelim. 내일 파티에 가자.

Bu kitabı okuyalım. 이 책을 읽자.

Televizyon izledikten sonra ödev yapalım. 텔레비전 보고 나서 숙제 하자.

Her akşam parkta koşalım. 매일 저녁 공원에서 뛰자.

Artık eve dönelim. 이제 집으로 돌아가자.

● 청유 부정형 '~말자'

> **동사 어간 + 부정형 -ma / -me + 청유형**

Yarın partiye gitmeyelim. 내일 파티에 가지 말자.

Bu kitabı okumayalım. 이 책을 읽지 말자.

Ödev yapmayalım. 숙제 하지 말자.

Parkta koşmayalım. 공원에서 뛰지 말자.

Bugün kütüphanede ders çalışmayalım. 오늘 도서관에서 공부하지 말자.

● 청유 의문형 '~할래?'

> **(청유형) (의문형 어미)**

Yarın partiye gidelim mi? 내일 파티에 갈래?

Bu kitabı okuyalım mı? 이 책을 읽을래?

Ödev yapalım mı? 숙제 할래?

Parkta koşalım mı? 공원에서 뛸래?

Bugün kütüphanede ders çalışalım mı? 오늘 도서관에서 공부할래?

EXERCISE

MP3 **09-3**

1. 녹음을 들으면서 빈칸에 알맞은 말을 쓰세요.

| 보기 | *Emre*   Merhaba Mina. Nereden geliyorsun?

(1) *Mina*   Kütüphaneden geliyorum. Ders _____ ödev yaptım.

(2) *Emre*   Ben de dün televizyon _____ ödev yaptım. Daha bitiremedim.

   Mina   Ben de daha bitiremedim.

(3) *Emre*   Aaa, yarın partiye _____ _____ ?
        Yeji'nin doğum günü paritisi var.

(4) *Mina*   Bugün ödevi bitiremezsem _____ .

(5) *Emre*   Bugün mutlaka ödevi _____ ve yarın partiye _____ .

2. 다음 보기 중에서 알맞은 말을 골라 대화를 완성하세요.

| 보기 | okuyup   yapalım   gidemem   koşalım   dinleyerek

(1) A Sen ne yapıyorsun?

   B Müzik _____ ders çalışıyorum.

(2) A Yarın Yeji'nin doğum günü partisine gidebilir misin?

   B Maalesef ben _____ .

(3) A Yarın akşam parkta beraber _____ mı?

   B Tamam.

(4) A Emre, yarın kütüphaneye gelir misin?

   B Evet, beraber ödev _____ .

(5) A Dün ne yaptın?

   B Kitap _____ televizyon izledim.

3. 가능형 또는 청유형을 사용하여 문장을 완성하세요.

| 보기 |　　Yarın İstanbul'a gidebilir misin?

　　　　　　Bugün partiye gidelim.

(1) Bugün ödevini bitirirsen yarın partiye gid_____sin.　　　[가능형]

(2) Sen bunu yap_____ misin?　　　[가능형]

(3) Onlar bugün partiye gelme_____.　　　[가능형의 부정]

(4) Bu kitabı beraber oku_____.　　　[청유형]

(5) Kütüphanede beraber ders çalış_____ mı?　　　[청유형]

(6) Ödevi bitirdikten sonra televizyon izle_____.　　　[청유형]

4. 다음 문장을 터키어 문장으로 써 보세요.

내일은 엠레의 생일 파티가 있어요. 하지만 숙제가 너무 많아요. 만약 오늘 숙제를 끝내면 내일 파티에 갈 수 있어요. 어제도 숙제를 했어요. 하지만 끝내지 못했어요. 왜냐하면 텔레비전을 보면서 숙제를 했거든요. 내일 파티에 꼭 가고 싶어요. 엠레를 위해 멋진 선물도 살 거예요.

단어　doğum günü partisi 생일 파티　　ödev 숙제　　eğer 만약　　izlemek 보다　　mutlaka 꼭　　hediye 선물

어깨너머튀르키예

• 이슬람과 라마잔 •

튀르키예에는 다양한 명절이 있다. 그중에서도 전체 인구 가운데 이슬람교를 믿는 무슬림이 98%에 달하는 튀르키예에서 가장 큰 명절은 단연 '라마잔 Ramazan (라마단의 터키어 명칭)'이다. 라마잔 명절에는 약 한 달간 금식이 행해지는데, 이 금식 행위는 단순히 음식물을 섭취하지 않는다는 의미가 아니라, 그간의 탐욕, 분노, 시기 등을 금식으로서 깨끗이 비워내 정제하고 몸과 마음을 다시금 재정비한다는 의미를 가진다.

물론 라마잔 기간에 모든 무슬림이 음식을 전혀 섭취하지 않는 것은 아니다. 이슬람사원에서는 하루 다섯 번의 기도문이 읽히는데, 하루가 시작되는 새벽 기도문이 읽힐 때까지는 음식을 섭취할 수 있다. 그리고 저녁 기도문이 읽힐 때까지 금식을 해야 한다. 새벽 시간에 먹는 음식을 '싸후르 Sahur'라고 하고, 저녁 시간에 먹는 음식을 '이프타르 Iftar'라고 하는데, 무슬림들은 이 두 번의 식사를 최대한 정성껏 준비하여 가족과 함께 모여 먹는다. 이 라마잔 기간에는 이슬람 신자가 아닌 사람이라도 금식을 행하는 무슬림 앞에서 음식을 먹지 않는 것이 예의이다.

물론 이 라마잔 명절 중 금식의 의무로부터 자유로운 사람도 있다. 금식이 어려운 어린이나 노약자, 건강이 좋지 않은 사람, 임산부 등은 라마잔 명절 때 금식을 할 수 없다. 뿐만 아니라 금식을 해야 하는 낮 시간 동안 힘든 노동을 하는 이들 역시 라마잔 명절 때 금식을 하지 않는다. 이들은 라마잔 기간 동안 금식을 하지 않는 대신, 원하는 다른 때에 금식을 함으로써 채우지 못한 금식 일수를 채워야 하며 금전적인 기부나 적선 등으로 어려운 사람을 도움으로써 금식 행위를 대신하기도 한다.

이슬람교를 믿는 무슬림들에게 라마잔은 아주 큰 의미이다. 때문에 라마잔 기간 동안 행해지는 금식은 단순히 음식에 대한 욕심을 걷어낸다는 의미라기보다 삶의 자제력을 함양하고 인내심을 기르기 위한 하나의 수행으로 여겨진다. 뿐만 아니라 무슬림들은 금식이라는 행위를 통해 배고프고 소외된 사람의 마음을 깊이 있게 공감하고자 하며 이들을 돌아보지 못했던 자신의 모습을 반성하기도 한다.

자신의 과오와 결점을 돌아보고, 앞날을 위한 재정비로서의 의미를 갖는 라마잔은 이슬람교를 믿는 무슬림에게, 신 그리고 천국과 가까워지기 위해 신앙을 더욱 견고히 하는 원동력이 되어준다.

10. BÖLÜM

İşinizi Deniz'e yaptırmayın!

업무를 데니즈에게 시키지 마세요!

학습 목표 터키어에는 우리말 어법에는 잘 쓰지 않는 피동형 용법이 있습니다. 사동형과 피동형 표현을 배우겠습니다. 그리고 목적을 나타내는 표현인 '~을 위해서'도 배우겠습니다.

주요 문법 목적을 나타내는 표현 / 동사의 사동형 / 동사의 피동형

사동형을 사용한 표현

O işi Deniz'e yaptırdım.   그 업무를 데니즈에게 시켰어요.

Bunu arkadaşıma yazdırdım.   이것을 친구에게 쓰게 했어요.

Hediyeyi Emre'ye aldırdım.   선물을 엠레에게 사게 했다.

Pencereyi kız kardeşime açtırdım.

창문을 여동생에게 열게 했다.

피동형을 사용한 표현

O iş Deniz tarafından yapıldı.

그 업무가 데니즈에 의해 수행됐다.

Bu roman Seongjun tarafından yazıldı.

이 소설은 성준이에 의해 쓰여졌다.

Çok fazla iş verildi.   너무 많은 업무가 주어졌다.

Deniz İstanbul şubesi'ne gönderildi.

데니즈가 이스탄불 지점으로 보내졌다.

Pencere açıldı.   창문이 열렸다.

단어	뜻	비고
artık	이제	
aslında	실은	açıkçası 솔직히
bey	씨(남성에게 사용)	adam, erkek 남자
biriktirmek	저축하다	kumbara 저금통
gönderilmek	보내지다	기본형 göndermek
halletmek	처리하다, 해결하다	
her zaman	항상	= daima
iş	업무, 일	
kendi	자신, 스스로, 직접	kendim 나 자신, 내가 직접 kendimiz 우리 자신, 우리가 직접 kendin 너 자신, 네가 직접 kendiniz 너희들 자신, 너희들이 직접 kendisi 그 자신, 그가 직접 kendileri 그들 자신, 그들이 직접
Kusura bakmayın.	죄송합니다.	= Özür dilerim.
meşgul	바쁜	↔ müsait 한가한 meşgul은 모음조화가 지켜지지 않는 예외 단어이다. 단어의 마지막 모음이 u로 끝났지만 조화되는 모음은 u가 아닌 ü이다.
müdür	사장, 대표	
öyle	그렇게	böyle 이렇게 / şöyle 저렇게
pencere	창문	açmak 열다
şube	지점	
sürekli	계속해서	= devamlı
üstelik	게다가	
verilmek	주어지다	기본형 vermek
yaptırmak	시키다	기본형 yapmak

İşinizi Deniz'e yaptırmayın!

Müdür	Taeho bey, işinizi bitirdiniz mi?
Taeho	Hayır. Aslında o işi Deniz'e yaptırdım.
	Çünkü çok meşguldüm.
Müdür	Siz her zaman öyle yapıyorsunuz.
	Artık asla işinizi Deniz'e yaptırmayın!
Taeho	Ama her gün bana çok fazla iş veriliyor.
Müdür	Ben de biliyorum.
	Ama Deniz'in işleri de var üstelik o sürekli başka işleri halletmek için İstanbul şubesi'ne gönderiliyor.
Taeho	Tamam. Kusura bakmayın. Artık işlerimi kendim halledeceğim.

업무를 데니즈에게 시키지 마세요!

사장	태호 씨, 업무를 끝냈나요?
태호	아니요. 실은 그 일을 데니즈한테 시켰어요. 왜냐하면 제가 많이 바빴거든요.
사장	당신(태호)은 항상 그렇게 하시는군요. 이제 절대로 업무를 데니즈에게 시키지 마세요!
태호	하지만 매일 저한테 너무 많은 업무가 주어지는 걸요.
사장	저도 압니다. 하지만 데니즈의 일도 있잖아요. 게다가 그녀(데니즈)는 계속해서 다른 업무들을 처리하기 위해 이스탄불 지점으로 보내진다고요.
태호	알겠습니다. 죄송합니다. 이제 제 업무들을 제가 직접 해결할게요.

/ 여러 가지 부사 /

갑자기	aniden, birdenbire	무조건	kesinlikle
따라서	dolayısıyla	솔직히	açıkçası
또한	ayrıca, bir de	이미, 어차피	zaten
또는	veya, ya da	그리고	ve
마침내, 끝내	sonunda, nihayet	그래서	o yüzden

/ 방향어 /

동서남북		상하좌우		앞뒤옆	
동	doğu	상	üst	앞	ön
서	batı	하	alt	뒤	arka
남	güney	좌	sol	옆	yan
북	kuzey	우	sağ		

GRAMMAR

Ⓐ 목적을 나타내는 표현

'~을 위해서'라는 목적을 나타내기 위해서는 a / e 모음조화에 의해 -mak için / -mek için의 형태로 쓴다.
즉 동사 원형에 için을 붙이면 된다.

> 동사 기본형 + için

Kitap okumak için kütüphaneye geldim. 책을 읽기 위해 도서관에 왔다.

Doktor ile konuşmak için hastaneye geldim. 의사와 이야기하기 위해 병원에 왔다.

Televizyon izlemek için ödevi bitirdim. 텔레비전을 보기 위해 숙제를 끝냈다.

Anneme hediye almak için para biriktirdim. 엄마에게 줄 선물을 사기 위해 돈을 저축했다.

Ders çalışmak için hafta sonu hep evde durdum. 공부를 하기 위해 주말에 쭉 집에 머물렀다.

인칭대명사와 '~을 위해서'를 뜻하는 후치사 için이 결합될 때는 인칭대명사의 소유격을 써야 한다.
단, 인칭대명사가 Onlar일 때는 소유격이 붙지 않는다.

Benim için	나를 위해서	Sizin için	너희들(당신들)을 위해서
Bizim için	우리를 위해서	Onun için	그(그녀)를 위해서
Senin için	너(당신)를 위해서	Onlar için	그들(그녀들)을 위해서

Ⓑ 동사의 사동형

어떠한 행위를 누군가에게 시키는 경우 사동형으로 표현한다. 사동형의 기본 어미는 ı / i / u / ü 모음조화
에 따라 -dır / -dir / -dur / -dür가 된다. 다만, 동사 어간의 마지막 자음이 센소리 ç / f / h / k / p / s / ş / t
가운데 하나일 경우에는 -tır / -tir / -tur / -tür가 붙는다.

> 동사 어간 + 사동형 + 시제 + 인칭어미

yapmak 하다	Bugün de işimi Deniz'e yaptırdım.
yaptırmak 하게 하다, 시키다	오늘도 업무를 데니즈에게 시켰다.
yazmak 쓰다	Ablama mektup yazdırdım.
yazdırmak 쓰게 하다	언니에게 편지를 쓰게 했다.
konuşmak 이야기하다	Erkek kardeşimi arkadaşımla konuşturdum.
konuşturmak 이야기 시키다	남동생을 친구와 이야기 시켰다.

(1) 어간이 모음으로 끝나면 사동형 어미 -t가 붙는다.

okumak 읽다	Kardeşime gazeteyi okuttum.
okutmak 읽게 하다	동생에게 신문을 읽게 했다.
hatırlamak 기억하다	Lütfen bana o günü hatırlatma.
hatırlatmak 기억하게 하다, 상기시키다	제발 내게 그날을 상기시키지 마.
söylemek 말하다	Ben ona bunu söyleteceğim.
söyletmek 말하게 하다	내가 그에게 이것을 말하게 할게.

단, yemek과 demek는 어간이 모음 e로 끝나지만 규칙을 따르지 않는 예외 동사이다.

yemek 먹다 → yedirmek 먹이다

demek 말하다 → dedirmek 말하게 하다

(2) 어간이 자음 r / l로 끝나는 경우도 사동형 어미 -t가 붙는다.

oturmak 앉다	Ben onu yere oturttum.
oturtmak 앉게 하다, 앉히다	나는 그를 자리에 앉게 했다(앉혔다).
kısalmak 줄다	Kıyafeti kısalttım.
kısaltmak 줄이다	옷을 줄였다.
çağırmak 부르다	Arkadaşlarıma partiye Mina'yı da çağırttım.
çağırtmak 부르게 하다	친구들에게 파티에 미나도 부르게 했다.

● 규칙 예외 동사

bitmek 끝나다	Sonunda ödevi bitirdim.
bitirmek 끝내다	마침내 과제를 끝냈다.
içmek 마시다	Anne erkek kardeşime süt içiriyor.
içirmek 마시게 하다	엄마가 남동생에게 우유를 마시게 하고 있다(=먹이고 있다).
geçmek 지나다	Bu tatili çok güzel geçirdik.
geçirmek 지나게 하다, 보내다	(우리는) 이번 휴가를 아주 멋지게 보냈다.
düşmek 떨어지다	Pardon, bunu düşürdünüz.
düşürmek 떨어뜨리다	실례합니다, 이걸 떨어뜨리셨네요.
gelmek 오다	Türkiye'den hediye getir.
getirmek 가져오다, 데려오다	튀르키예에서 선물 가져와.

gitmek 가다	**Benim kitaplarımı nereye götürdün?**
götürmek 가져가다, 데려가다	내 책들을 어디로 가져갔니?
çıkmak 나오다	**Onu buradan çıkardım.**
çıkarmak 나오게 하다, 빼다	그것을 여기에서 뺐어.

⒞ 동사의 피동형

어떤 행위가 누군가에 의해 이루어질 때 사용한다. 동사 어간의 특성에 따라 다양한 피동형 어미가 결합된다.

> 동사 어간 + 피동형 + 시제 + 인칭어미

(1) 어간이 모음으로 끝나면 피동형 어미 -n가 붙는다.

okumak 읽다	**Bu kitap çok okundu.**
okunmak 읽히다	이 책은 많이 읽혔다.
hatırlamak 기억하다	**O gün uzun zamandır hatırlanacak.**
hatırlanmak 기억되다	그날은 오래도록 기억될 것이다.
söylemek 말하다	**Bu iş çok zor diye söyleniyor.**
söylenmek 말해지다	이 일은 매우 어렵다고 말해진다.

(2) 어간이 자음 l로 끝나면 ı / i / u / ü 모음조화에 따라 피동형 어미 -ın / -in / -un / -ün이 붙는다.

silmek 지우다	**Senin numaran silindi.**
silinmek 지워지다	네 번호가 지워졌어.
almak 받다	**Mektup alındı.**
alınmak 받아지다	편지가 받아졌다.
çalmak 연주하다	**Partide gitar çalındı.**
çalınmak 연주되다	파티에서 기타가 연주되었다.

(3) 어간이 l 이외의 자음으로 끝나면 ı / i / u / ü 모음조화에 따라 피동형 어미 -ıl / -il / -ul / -ül이 붙는다.

konuşmak 이야기하다	**Bugünlerde Kore hakkında çok konuşuluyor.**
konuşulmak 이야기되다	요즘 한국에 대해 많이 이야기되고 있다.
vermek 주다	**Her gün bana çok işler veriliyor.**
verilmek 주어지다	매일 나에게 많은 업무들이 주어진다.

yapmak 하다, 만들다	Sonunda köprü yapıldı.
yapılmak 하게 되다, 만들어지다	마침내 다리가 만들어졌다.

● 피동형 문장에서 행위의 주체 나타내기

피동형 문장을 만들 때, 행위의 주체가 되는 주어를 쓰기 위해서는 주체를 쓰고 그 뒤에 tarafından(~에 의해서)을 써야 한다.

Bu müze Koreliler tarafından yapıldı. 이 박물관은 한국인들에 의해 만들어졌다.

Bu makine müdürümüz tarafından verildi. 이 기계는 우리 사장님에 의해 제공됐다.

Bu roman Seongjun tarafından yazıldı. 이 소설은 성준이에 의해 쓰여졌다.

● kendi의 쓰임

kendi는 문장 내에서 '나 자신, 스스로'의 의미로 쓰이기도 하고 '직접'이라는 의미로 쓰여 어떤 행위를 직접 했음을 강조할 때 사용한다.

나 자신, 나 스스로, 내가 직접	kendim
우리 자신, 우리 스스로, 우리가 직접	kendimiz
너 자신, 너 스스로, 네가 직접	kendin
너희 자신, 너희 스스로, 너희가 직접	kendiniz
그 자신, 그 스스로, 그가 직접	kendisi
그들 자신, 그들 스스로, 그들이 직접	kendileri

Bunu kendim yaptım. 이것을 내가 직접 했다.

Bunu kendimiz yaptık. 이것을 우리가 직접 했다.

Bunu kendin yaptın. 이것을 네가 직접 했다.

Bunu kendiniz yaptınız. 이것을 너희가 직접 했다.

Bunu kendisi yaptı. 이것을 그가 직접 했다.

Bunu kendileri yaptılar. 이것을 그들이 직접 했다.

1. 녹음을 들으면서 빈칸에 알맞은 말을 쓰세요.

🎧 MP3 **10-3**

| 보기 | *Müdür*   Taeho bey, işinizi bitirdiniz mi?

(1) *Taeho*   Ben o işi Deniz'e _____ . Çünkü bana çok fazla iş _____ .

(2) *Müdür*   Taeho bey, siz _____ sürekli işinizi Deniz'e _____ ?

(3) *Taeho*   _____ _____ .

(4) *Müdür*   Deniz'in de işi var. _____ o sürekli İstanbul şubesi'ne _____ .
Başka işleri halletmek _____ .

(5) *Taeho*   Evet, ben de biliyorum. Artık işlerimi _____ halledeceğim.

2. 다음 보기 중에서 알맞은 말을 골라 대화를 완성하세요.

| 보기 | yaptırmayın   verildi   yapıldı   izlemek   silindi

(1) A Dün neden o kadar meşguldün?

B Çünkü bana çok fazla iş _____ .

(2) A Senin numaran _____ . Tekrar alabilir miyim?

B Tamam, veririm.

(3) A Ödevi bitirdin mi?

B Evet. Televizyon _____ için erken bitirdim.

(4) A Aslında o işi Zeynep'e yaptırdım.

B Artık asla Zeynep'e işinizi _____ .

(5) A Bu müze kim tarafından _____ ?

B Koreliler tarafından.

3. 피동형과 사동형을 사용하여 문장을 완성하세요.

| 보기 | Dün çok meşguldüm. Çünkü bana çok fazla işler verildi.

Ben bu işi Deniz'e yaptırdım.

(1) Deniz sürekli Ankara şubesi'ne gönder_____ir.   [피동형]

(2) Bu köprü, Türkler tarafından yap_____dı.   [피동형]

(3) Bu kitap, insanlar tarafından çok oku_____du.   [피동형]

(4) Bugün çok meşguldüm. O yüzden Seongjun'a işlerimi yap_____dım.   [사동형]

(5) Ablama mektup yaz_____dım.   [사동형]

(6) Onu yere otur_____tum.   [사동형]

4. 다음 문장을 터키어 문장으로 써 보세요.

오늘은 무척 바빴다. 왜냐하면 업무들이 내게 너무 많이 주어졌기 때문이다. 그래서 데니즈 씨에게 내 업무들을 시켰다. 데니즈 씨는 다른 업무들을 해결하기 위해 끊임없이 앙카라 지점으로 보내지지만 나보다 바쁘지는 않다. 내일도 무척 바쁠 것이다. 업무를 끝내기 위해 이스탄불 지점에 갈 것이다.

단어   meşgul 바쁜   verilmek 주어지다   yaptırmak 시키다   sürekli 끊임없이   gönderilmek 보내지다
-dan daha ～보다 더

• 튀르키예의 다양한 디저트 •

튀르키예에는 다양한 종류의 요리가 있는데, 그에 못지않게 디저트 종류 또한 무척 다채롭다. 디저트는 대체로 매우 달기 때문에, 튀르키예 사람들은 디저트를 주로 담백한 차이나 맛과 향이 강한 커피와 함께 즐겨 먹는다.

가장 대표적인 디저트로 '로쿰 Lokum'이 있는데, 흔히 '터키쉬 딜라이트 Turkish delight'라고도 불린다. 종류나 크기, 맛과 향이 무척 다양해서 여행객에게 선물용으로 인기가 좋다.

로쿰은 젤리와 비슷한데, 그 안에 호두, 피스타치오, 아몬드, 코코넛, 헤이즐넛 등 각종 견과류가 들어 있고 표면은 설탕 가루로 덮여 있어 젤리보다 훨씬 더 단맛과 풍부한 풍미를 지닌 디저트이다. 튀르키예 내 대부분의 지역에서 쉽게 찾아볼 수 있으며 일반적으로 카페나 식당 등에서 튀르키예 커피를 주문하면 디저트로 로쿰이 함께 나오기도 한다.

다음으로 '바클라바 Baklava'라는 것이 있다. 바클라바는 극도로 단맛이 일품인 디저트 가운데 하나로, '유프카 Yufka'라는 얇은 밀가루 반죽을 겹겹이 쌓고 그 사이에 아몬드, 헤이즐넛, 호두, 피스타치오 등 각종 견과류를 넣은 뒤 설탕 시럽을 가득 뿌려 만든 디저트이다. 바클라바는 튀르키예의 '가지안텝 Gaziantep'이라는 도시에서 만들어진 제품이 가장 유명한데, 이 지역에서 만들어지는 바클라바에는 '안텝 피스타치오 Antep fıstığı'가 들어 있어 바클라바의 풍미를 한껏 더해준다.

마지막으로 빼놓을 수 없는 것이 바로 '퀴네페 Künefe'이다. 이 퀴네페는 아주 가느다란 국수처럼 생긴 카다이프로 만들어지며 그 안에 치즈를 듬뿍 넣어 따뜻하게 먹는 디저트이다. 맛이 무척 달기 때문에 담백한 차이 çay와 함께 먹어야 조화롭다.

퀴네페

로쿰

11. BÖLÜM

Kore'ye giden uçağa binmeliyim.

한국으로 가는 비행기에 타야 합니다.

학습 목표   어떤 일을 할 때는 그 이유와 필요성을 확실히 말할 수 있어야겠죠?
그 일을 왜, 무엇 때문에 하는지 말하는 법을 배우겠습니다.

주요 문법   동사의 형용사적 용법 / 원인 · 이유를 나타낼 때 /
상태가 이루어지는 때를 나타낼 때 / 필요성을 나타낼 때

이유를 말할 때

Benim işim olduğu için Kore'ye gideceğim.

나의 업무가 있어서 한국에 갈 것입니다.

Ödevi bitiremediğim için partiye gidemedim.

숙제를 못 끝내서 파티에 못 갔습니다.

어떤 상태를 표현할 때

Ödev yaptığımda arkadaşım geldi. 숙제할 때 친구가 왔다.
Sen Kore'de olduğunda ben daha Türkiye'de
olacağım. 네가 한국에 있을 때 나는 아직 튀르키예에 있을 거야.

필요성을 표현할 때

Benim Türkiye'ye gitmem lazım. 저는 튀르키예에 가야 합니다.

Türkiye'ye giden uçağa binmeliyiz.

(우리는) 튀르키예에 가는 비행기에 타야 합니다.

Üniversitede okumak için başvuru yapmalıyım.

(저는) 대학교에서 공부하기 위해 지원해야 합니다.

단어	뜻	비고
Aynen.	그러게, 그러게요.	상대의 말에 맞장구치거나 동의할 때 사용된다.
başarılı	성공적인	↔ başarısız 실패한, 성공적이지 못한
başvuru yapmak	지원하다	= başvurmak
binmek	타다	↔ inmek 내리다
doğru	맞는	↔ yanlış 틀린
duymak	듣다	
-(y)a/e göre	~에 의해, ~에 의하면	
enteresan	재미있는	ilginç 흥미로운
Hayırlı olsun.	①행운을 빕니다. ②축복합니다.	기쁜 일을 축하할 때 사용한다.
hava	날씨, 공기	güneşli 맑은, 화창한 bulutlu 흐린 / yağmur 비 / kar 눈 '날씨'의 의미로 쓰일 때는 대부분 복수형으로 쓴다.
havuz	수영장	yüzmek 수영하다
kış	겨울	ilkbahar 봄 / yaz 여름 sonbahar 가을
soğuk	추운, 차가운	sıcak 따뜻한, 뜨거운 ılık 미지근한
uçak	비행기	배 gemi / 기차 tren / 버스 otobüs
yakın zamanda	곧, 가까운 시일 내에	= kısa zamanda

Kore'ye giden uçağa binmeliyim.

Zeynep	Merhaba Seongjun. Yakın zamanda Kore'ye gideceksin değil mi?
Seongjun	Evet, doğru. Üniversitede okumak için başvuru yapmalıyım.
Zeynep	Hayırlı olsun. Benim de işim olduğu için Kore'ye gitmem lazım.
Seongjun	Öyle mi? Ne zaman gideceksin?
Zeynep	Beş gün sonra Kore'ye giden uçağa binmeliyim.
Seongjun	Maalesef sen Kore'de olduğunda ben daha Türkiye'de olacağım.
Zeynep	Tamam.
	Benim okuduğum gazeteye göre şimdi Kore'de havalar çok soğuk.
Seongjun	Aynen. Ben de duydum. Kış kıyafetlerimizi almalıyız.

한국으로 가는 비행기에 타야 합니다.

제이넵	안녕 성준아. 곧 한국에 가는구나. 그렇지?
성준	응, 맞아. 대학교에서 공부하기 위해 지원해야 돼.
제이넵	행운을 빌게. 나도 일이 있어서 한국에 가야 해.
성준	그래? 언제 갈 건데?
제이넵	5일 후에 한국으로 가는 비행기에 타야 해.
성준	아쉽게도 네가 한국에 있을 때 나는 아직 튀르키예에 있을 거야.
제이넵	알았어. 내가 읽은 신문에 의하면 지금 한국 날씨가 무척 추워.
성준	그러게. 나도 들었어. (우리의) 겨울옷들을 챙겨야 해.

/ 동사·형용사의 반대말 /

동사		형용사	
binmek 타다	inmek 내리다	güzel 예쁜	çirkin 못생긴
oturmak 앉다	kalkmak 서다	hafif 가벼운	ağır 무거운
giymek 입다	çıkarmak 벗다	sakin 조용한	gürültülü 시끄러운
almak 사다 ↔	satmak 팔다	uzun 긴 ↔	kısa 짧은
konuşmak 말하다	susmak 조용히 하다	çok 많은	az 적은
yaşamak 살다	ölmek 죽다	şişman 뚱뚱한	zayıf 날씬한
gülmek 웃다	ağlamak 울다	yüksek 높은	alçak 낮은

143

Ⓐ 동사의 형용사적 용법

원래 품사는 동사지만 문장 내에서 형용사로 기능하는 동사를 '동사의 형용사적 용법'이라고 한다. 동사의 형용사적 용법은 2가지로 분류된다.

⑴ 인칭 표현이 불가능한 경우

문장 내에서 꾸며지는 명사를 인칭 표현할 수 없는 경우, 동사 어간에 a / e 모음조화에 따라 -(y)an / -(y)en을 붙인다.

> Şurada ders çalışan öğrenci, benim kızım.
>
> 저기에서 공부하는 학생이 나의 딸이다.

> Kütüphaneye giden arkadaşım, partiye gelmeyecek.
>
> 도서관에 가는 내 친구는 파티에 안 올 것이다.

> İşleri bitiremeyen o, yarın toplantıya gelemez.
>
> 업무를 끝내지 못한 그는 내일 회의에 올 수 없다.

⑵ 인칭 표현이 가능한 경우: 과거시제 / 현재시제

문장 내에서 꾸며지는 명사를 인칭 표현할 수 있는 경우, 동사 어간에 ı / i / u / ü 모음조화에 따라 -dığı / -diği / -duğu / -düğü를, 동사 어간의 마지막 자음이 센소리 ç / f / h / k / p / s / ş / t 중 하나일 때는 -tığı / -tiği / -tuğu / -tüğü를 붙인 뒤 인칭어미를 붙여준다. 그리고 그 행위를 하는 주어 표현은 소유격으로 해야 한다. 시제는 과거 또는 현재이기 때문에 '(주어)가 ~했던, (주어)가 ~하는'으로 해석된다.

> 동사 어간 + -dığı / -diği / -duğu / -düğü + 인칭어미

인칭대명사(소유격)	어간의 끝모음			
	a, ı	e, i	o, u	ö, ü
Benim	-dığım	-diğim	-duğum	-düğüm
Bizim	-dığımız	-diğimiz	-duğumuz	-düğümüz
Senin	-dığın	-diğin	-duğun	-düğün
Sizin	-dığınız	-diğiniz	-duğunuz	-düğünüz
Onun	-dığı	-diği	-duğu	-düğü
Onların	-dıkları	-dikleri	-dukları	-dükleri
Emre'nin	-dığı	-diği	-duğu	-düğü

Benim okuduğum kitap çok enteresan. 내가 읽은 책은 정말 재미있다.

Bizim yaptığımız ödev başarılıydı. 우리가 한 과제는 성공적이었다.

Senin yediğin yemek nasıldı? 네가 먹은 음식은 어땠니?

Emre'nin dinlediği müziği ben de dinledim. 엠레가 들었던 음악을 나도 들었다.

⑶ **인칭 표현이 불가능한 경우: 미래시제**

시제가 미래이기 때문에 '(주어)가 ~할'로 해석된다.

> 동사 어간 + -(y)acağı / -(y)eceği + 인칭어미

인칭대명사(소유격)	어간의 끝모음	
	a, ı, o, u	e, i, ö, ü
Benim	-(y)acağım	-(y)eceğim
Bizim	-(y)acağımız	-(y)eceğimiz
Senin	-(y)acağın	-(y)eceğin
Sizin	-(y)acağınız	-(y)eceğiniz
Onun	-(y)acağı	-(y)eceği
Onların	-(y)acakları	-(y)ecekleri
Emre'nin	-(y)acağı	-(y)eceği

Benim gideceğim Kore, çok güzel bir ülke. 내가 갈 한국은 정말 아름다운 나라이다.

Bizim yapacağımız ödev, çok zor. 우리가 할 과제는 아주 어렵다.

Senin halledeceğin iş, aslında benim işim. 네가 해결할 일은 사실 내 일이다.

Emre'nin göndereceği mektubu bekliyorum. 엠레가 보낼 편지를 기다리고 있어.

B 원인·이유를 나타낼 때: ~하기 때문에, ~해서

'~하기 때문에, ~해서'는 ı / i / u / ü 모음조화에 따라 동사 어간에 -dığı için / -diği için / -duğu için / -düğü için을 붙인다. 단, 동사 어간의 마지막 자음이 ç / f / h / k / p / s / ş / t 중 하나이면 -tığı için / -tiği için / -tuğu için / -tüğü için을 붙인다.

$$\boxed{\text{동사 어간} + \text{-dığı / -diği / -duğu / -düğü} + \text{인칭어미}}$$

인칭대명사	어간의 끝모음			
	a, ı	e, i	o, u	ö, ü
Ben	-dığım için	-diğim için	-duğum için	-düğüm için
Biz	-dığımız için	-diğimiz için	-duğumuz için	-düğümüz için
Sen	-dığın için	-diğin için	-duğun için	-düğün için
Siz	-dığınız için	-diğiniz için	-duğunuz için	-düğünüz için
O	-dığı için	-diği için	-duğu için	-düğü için
Onlar	-dıkları için	-dikleri için	-dukları için	-dükleri için
Emre	-dığı için	-diği için	-duğu için	-düğü için

Ben bugün kütüphaneye geldiğim için partiye gidemem.

나 오늘 도서관에 와서 파티에 못 가.

Biz ödevi bitirdiğimiz için televizyon izleyebiliriz.

우리는 숙제를 끝내서 텔레비전을 볼 수 있어.

Sen bu işi halletmediğin için müdür çok kızdı.

네가 이 일을 해결하지 않아서 사장이 무척 화를 냈어.

Emre hala eve dönmediği için ona mesaj gönderdim.

엠레가 아직 집에 돌아오지 않아서 그에게 메시지를 보냈다.

> **잠깐!**
> • 동사가 아닌 명사나 형용사를 사용해 원인을 나타내기 위해서는 조동사 olmak을 사용한다.
>
> Dün hasta olduğum için okula gidemedim. 어제 아파서 학교에 못 갔다.
>
> Ben çok yorgun olduğum için partiye gitmeyeceğim. 난 너무 피곤해서 파티에 안 갈 거야.

ⓒ 상태가 이루어지는 때를 나타낼 때: ~했을 때, ~할 때

● 과거시제/현재시제

'~했을 때, ~하고 있을 때'는 ı / i / u / ü 모음조화에 따라 동사 어간에 -dığında / -diğinde / -duğunda / -düğünde를 붙인다. 단, 동사 어간의 마지막 자음이 ç / f / h / k / p / s / ş / t로 끝나면 -tığında / -tiğinde / -tuğunda / -tüğünde를 붙인다. 시제는 과거 또는 현재이기 때문에 '(주어)가 ~했을 때, ~하고 있을 때'로 해석된다.

> 동사 어간 + -dığında / -diğinde / -duğunda / -düğünde

인칭대명사	어간의 끝모음			
	a, ı	e, i	o, u	ö, ü
Ben	-dığımda	-diğimde	-duğumda	-düğümde
Biz	-dığımızda	-diğimizde	-duğumuzda	-düğümüzde
Sen	-dığında	-diğinde	-duğunda	-düğünde
Siz	-dığınızda	-diğinizde	-duğunuzda	-düğünüzde
O	-dığında	-diğinde	-duğunda	-düğünde
Onlar	-dıklarında	-diklerinde	-duklarında	-düklerinde
Emre	-dığında	-diğinde	-duğunda	-düğünde

Ben kütüphaneye geldiğimde sen yoktun. 내가 도서관에 왔을 때 넌 없었어.

Biz okula gittiğimizde Zeynep'i gördük. 우리가 학교에 갔을 때 제이넵을 봤어.

Sen eve döndüğünde ben ödev yapıyordum.

네가 집에 돌아왔을 때 나는 숙제를 하고 있었어.

Siz bu işi yaptığınızda ben daha toplantıdaydım.

너희가 이 일을 하고 있을 때 나는 아직 회의 중이었어.

O yemek yediğinde biz kahve içiyorduk.

그가 음식을 먹고 있을 때 우리는 커피를 마시고 있었어.

Onlar kütüphanede ders çalıştıklarında ben daha uyuyordum.

그들이 도서관에서 공부하고 있을 때 나는 아직 자고 있었어.

Emre havuzda yüzdüğünde ben okulda ders çalışıyordum.

엠레가 수영장에서 수영하고 있을 때 나는 학교에서 공부하고 있었어.

● 미래시제

시제가 미래이기 때문에 '(주어)가 ~할 때'로 해석된다.

> **동사 어간 + -(y)acağında / -(y)eceğinde**

인칭대명사	어간의 끝모음	
	a, ı, o, u	e, i, ö, ü
Ben	-(y)acağımda	-(y)eceğimde
Biz	-(y)acağımızda	-(y)eceğimizde
Sen	-(y)acağında	-(y)eceğinde
Siz	-(y)acağınızda	-(y)eceğinizde
O	-(y)acağında	-(y)eceğinde
Onlar	-(y)acaklarında	-(y)eceklerinde
Emre	-(y)acağında	-(y)eceğinde

Ben müzeye gideceğimde **sana söyleyeceğim.** 내가 박물관에 갈 때 너한테 말해줄 거야.

Biz yemek yiyeceğimizde **sen de yemek ye.** 우리가 밥 먹을 때 너도 밥 먹어.

Emre hediye alacağında **ben de alacağım.** 엠레가 선물을 살 때 나도 살 거야.

Ⓓ 필요성을 나타낼 때: ~해야 한다

필요형 '~해야 한다'는 2가지 방법으로 표현할 수 있다. 의미는 똑같기 때문에 편한 것을 선택해 사용하면 된다.

⑴ -ma lazım / -me lazım

'~해야 한다'라는 필요성을 표현하기 위해서는 동사 어간에 a / e 모음조화에 따라 -ma lazım / -me lazım을 붙이면 된다. 이때 주어는 소유격을 써야 한다. 또한 인칭대명사에 따른 인칭어미도 붙어야 하는데, 주어가 ben이면 m, biz면 mız / miz, sen이면 n, siz면 nız / niz, o면 sı / si, onlar면 ları / leri가 붙는다.

> **소유격 주어 + 동사 어간 + 필요형 + 인칭어미**

Benim Türkiye'ye gitmem lazım. 나는 튀르키예에 가야 해.

Bizim üniversiteye başvuru yapmamız lazım. 우리는 대학교에 지원해야 해.

Emre'nin hediye alması lazım. 엠레는 선물을 사야 해.

잠깐!

• '있다'와 '없다'의 뜻을 가진 단어 var와 yok은 각각 olmak과 olmamak으로 동사화된다. 이때, 주어는 소유격 형태가 되므로 동사에 인칭화 어미가 붙어야 한다.

Bu mağazada parfümlerin olması lazım. 이 가게에 향수들이 있어야 해.

Senin orada olmaman lazım. 너는 거기 없어야 해.

---

(2) -malı / -meli

동사 어간에 a / e 모음조화에 따라 -malı / -meli를 붙인다. 이때, 주어는 그대로 쓰되 필요형 어미 뒤에 주어에 따른 인칭어미를 알맞게 붙인다.

> 주어 + 동사 어간 + 필요형 + 인칭어미

Ben bu kitabı okumalıyım. 나는 이 책을 읽어야 한다.

Biz bugün havuza gitmeliyiz. 우리는 오늘 수영장에 가야 한다.

Sen yarın okula gelmelisin. 너는 내일 학교에 와야 한다.

Siz kütüphaneden çıkmalısınız. 너희들은 도서관에서 나가야 한다.

O kahvaltı yapmalı. 그는 아침 식사를 해야 한다.

Onlar yemek yemeliler. 그들은 음식을 먹어야 한다.

Emre bana mektup göndermeli. 엠레는 나에게 편지를 보내야 한다.

Sen bunu yapmalıydın. 너는 이것을 했어야 했다.

참고 필요형 어미에 시제를 나타내기 위해서는 -malı / -meli 뒤에 매개자음 y를 넣고 과거시제 어미 -dı / -di / -du / -dü를 넣은 다음 인칭어미를 쓴다.

1. 녹음을 들으면서 빈칸에 알맞은 말을 쓰세요.　　　　　　　　　　MP3 **11-3**

| 보기 |　　*Zeynep*　　Merhaba Seongjun. Kore'ye ne zaman gitmelisin?

(1) *Seongjun*　Yarın sabah Kore'ye _____ uçağa _____ .

(2) *Zeynep*　Benim de işim _____ _____ Kore'ye gitmem lazım.

(3) *Seongjun*　Öyle mi? O zaman Kore'ye _____ bana haber ver.

(4) *Zeynep*　Tamam. Dün benim _____ gazeteye göre Kore'de havalar çok soğuk.

(5) *Seongjun*　Evet, ben de biliyorum. Kış kıyafetlerini de _____ .

2. 다음 보기 중에서 알맞은 말을 골라 대화를 완성하세요.

| 보기 |　　gittiğinde　　binmeliyiz　　senin　　okuduğum　　geldiğinde

(1) A　Benim _____ kitaba göre Kore çok güzel bir ülke.

　　B　Öyle mi? Ben de Kore'ye gitmek istiyorum.

(2) A　Ne zaman uçağa binmelisiniz?

　　B　3 gün sonra _____ .

(3) A　Sen müzeye _____ ben evde uyuyordum.

　　B　Tamam.

(4) A　Benim bugün okula gitmem lazım.

　　B　O zaman sen okula _____ bana haber verebilir misin?

(5) A　Anne, bugün partiye gidebilir miyim?

　　B　Olmaz. _____ ödevi bitirmen lazım.

3. 필요형과 '~해서' 표현을 사용하여 문장을 완성하세요.

> | 보기 |　Siz bugün okula gelmelisiniz.
>
> 　　　　Ben televizyon izlediğim için ödevi bitiremedim.

(1) Benim bu işleri hallet＿＿＿＿＿＿ lazım.　　　　　　　　　　[필요형]

(2) Onun bu kitabı oku＿＿＿＿＿＿ lazım.　　　　　　　　　　　[필요형]

(3) Ben iki gün sonra Japonya'ya giden uçağa bin＿＿＿＿＿＿.　　[필요형]

(4) Biz ödevi bitireme＿＿＿＿＿＿ için okula da gidemedik.　　　[~해서]

(5) Onlar dün Türkiye'ye giden uçağa bin＿＿＿＿＿＿ için şimdi burada değiller.　[~해서]

(6) Siz beni arama＿＿＿＿＿＿ için ben eve döndüm.　　　　　[~해서]]

4. 다음 문장을 터키어 문장으로 써 보세요.

> 저는 3일 후에 중국으로 가는 비행기에 타야 합니다. 왜냐하면 업무가 있어서 중국 지점에 가야 하거든요. 사실 더 일찍 업무를 마쳤어야 했는데 다른 업무들이 많아서 끝내지 못했습니다. 중국 지점에서 업무를 해결하고 나서는 일본으로 가야 합니다. 어제 읽은 신문에 의하면 일본 날씨가 매우 춥다고 합니다. 그래서 겨울옷을 꼭 챙겨야 합니다.

단어　uçak 비행기　　Çin şubesi 중국 지점　　aslında 사실　　halletmek 해결하다　　Japonya 일본　　gazete 신문
　　　soğuk 추운　　kış kıyafetleri 겨울옷　　almak 챙기다

어깨너머 튀르키예

• 튀르키예의 아버지, 무스타파 케말 아타튀르크 Mustafa Kemal ATATÜRK •

튀르키예 공화국의 초대 대통령인 무스타파 케말 아타튀르크는 '아타튀르크(ATATÜRK)'라는 칭호에서도 알 수 있듯이 튀르키예의 조상, 즉 튀르키예의 국부라 불리며 지금까지도 튀르키예 사람들에게 추앙 받고 있는 인물이다. 실제로 튀르키예 전역에는 그의 동상이나 초상화 등을 어디서든 쉽게 찾아볼 수 있으며 공공기관 및 학교 등에도 그의 동상과 초상화가 놓여 있다.

그가 현재까지도 튀르키예의 아버지라는 이름으로 추앙 받는 까닭은 단순히 튀르키예공화국의 초대 대통령이었기 때문만이 아니라 그가 튀르키예와 튀르키예 국민들을 위해 이룩한 값진 업적들이 있기 때문이다.

육군사관학교에 입학하여 군인의 길을 걸었던 무스타파 케말 아타튀르크는 각종 전투에서 두각을 나타내다가 제1차 세계대전 중 차낙칼레 전투에서 두 차례나 승리하면서 큰 찬사를 받았다. 그러나 제1차 세계대전에서 패전하면서 강대하고 찬란했던 오스만 제국이 해체되기에 이르고, 결국 본토마저 열강의 지배에 놓이게 될 위기에 처하자 무스타파 케말 아타튀르크는 독립 전쟁을 시작한다. 이 독립 전쟁을 통해 그는 현재의 튀르키예 영토를 되찾는 데 성공했고, 튀르키예 공화국의 초대 대통령이 되었다.

그는 튀르키예와 국민들을 위해 셀 수 없이 큰 업적들을 남겼다. 수많은 제도를 개혁하고 근대화를 위해 거의 평생을 바쳤던 것이다. 그는 먼저 세속주의를 표방하면서 튀르키예 공화국의 정신적인 기틀을 다잡았고, 복장 개혁을 실시하여 여성들의 복장을 자유롭게 했으며 여성의 교육권 또한 보장하여 남녀노소 누구나 평등하게 교육 받을 수 있도록 법적인 기준을 마련했다. 또한 과거에 아랍 문자로 표기되던 터키어를 로마자로 표기하도록 변경하여 터키어의 대중화를 이끌었고, 일부다처제를 금하며 여성들에게도 선거권을 부여하는 등 튀르키예의 근대화를 위해 끊임없이 제도들을 개혁해 나갔다.

앙카라에 위치한 무스타파 케말 아타튀르크의 묘소에는 그가 생전에 입던 옷부터 만년필, 공책까지 그의 삶을 대변하는 모든 것이 전시되어 있다. 튀르키예 사람뿐만 아니라 그를 전혀 알지 못하는 이방인이 그곳을 방문하더라도 튀르키예 사람들이 그를 얼마나 깊이 사랑하고 그리워하는지를 느낄 수 있을 정도이다.

앙카라에 있는 아타튀르크 묘소

12. BÖLÜM

Seongjun evlenmiş!

성준이가 결혼했대!

학습 목표   다른 사람의 말을 인용하거나 이미 지나간 과거를 이야기하는
법을 배우겠습니다.

주요 문법   간접화법 / 대과거형

간접화법을 사용한 표현

Seongjun evlenmiş!   성준이가 결혼했대!

Neden bizi davet etmemiş?   왜 우리를 초대 안 했대?

Onlar Türkiye'de yaşayacaklarmış.

그들은 튀르키예에서 살 거래.

Onlar Kore'de yaşayacaklarmış.   그들은 한국에서 살 거래.

대과거형을 사용한 표현

5 years ago

Beş yıl önce Türkiye'ye gitmiştim.

5년 전에 튀르키예에 갔었어요.

Ben de Deniz hanım'dan duymuştum.

나도 데니즈 씨로부터 들었었어요.

Kore'ye 10 yıl önce gelmiştik.

(우리는) 한국에 10년 전에 왔었어요.

단어	뜻	비고
Allah mutlu mesut etsin.	신께서 행복을 주시기를.	결혼한 사람들에게 하는 축하 인사말이다.
banka	은행	
bankacı	은행원	
birbiri	서로	birbirimiz (우리) 서로, birbiriniz (당신들, 너희들) 서로 birbirini (그, 그들) 서로
büyük bir ihtimalle	큰 가능성으로, 아마	확신에 찬 추측을 표현할 때 쓴다.
çünkü	왜냐하면	이유를 설명할 때 쓴다.
davet etmek	초대하다	misafir 손님
düğün	결혼식	nişan 약혼
evlenmek	결혼하다	nişanlanmak 약혼하다 ↔ boşanmak 이혼하다
galiba	아무래도	= belki, muhtemelen 아마도
geçen	지난	
gelin	신부	damat 신랑
Gerçekten mi?	정말? 진짜?	놀라움을 표현할 때 쓰인다.
haber almak	소식을 듣다	haber vermek 소식을 전하다
herhalde	아마도	= belki, sanırım
İstanbul	이스탄불(튀르키예 최대 도시)	튀르키예의 3대 도시는 İstanbul(이스탄불), Ankara(앙카라, 수도), İzmir(이즈밀)이다. / Antalya 안탈랴(휴양 도시)
neyse	어쨌든	
olarak	~로서	자격을 나타낸다. doktor olarak 의사로서 müdür olarak 사장으로서
şaşırtıcı	놀라운	ilginç 흥미로운 / enteresan 재미있는
yaşamak	살다	↔ ölmek 죽다

Seongjun evlenmiş!

Emre	Yeji, sen onu duydun mu? Seongjun evlenmiş!
Yeji	Ne? Gerçekten mi? Ben hiç duymadım. Ne zaman evlenmiş?
Emre	Geçen ay İstanbul'da bir Türk kızıyla evlenmiş.
	Ben de Mehmet'ten haber aldım.
Yeji	Çok şaşırtıcı bir haber ya! Ama neden bizi davet etmemiş?
Emre	Düğün İstanbul'da yapıldığı için galiba….
Yeji	Neyse onları Allah mutlu mesut etsin. Onlar nerede yaşayacaklarmış? Herhalde Türkiye'de yaşayacaklar, değil mi?
Emre	Evet, büyük bir ihtimalle Türkiye'de yaşayacaklar. Çünkü gelin Türkiye'deki bir bankada bankacı olarak çalışıyormuş. Ben de Mehmet'ten duymuştum.

성준이가 결혼했대!

엠레	예지야, 너 그거 들었어? 성준이가 결혼했대!
예지	뭐라고? 정말이야? 나는 전혀 못 들었어. 언제 결혼했대?
엠레	지난 달 이스탄불에서 튀르키예 여자랑 결혼했대. 나도 메흐멧한테 소식을 들었어.
예지	진짜 놀라운 소식이다! 근데 왜 우릴 초대 안 했대?
엠레	결혼식이 이스탄불에서 치러져서 그럴 거야 아무래도….
예지	어쨌든 그들에게 신께서 행복을 주시기를. 그들은 어디에서 살 거래? 아마도 튀르키예에서 살 거야, 그렇지?
엠레	응, 아마 튀르키예에서 살 거야. 왜냐하면 신부가 튀르키예에 있는 한 은행에서 은행원으로 일하고 있대. 나도 메흐멧한테 들었었어.

/ 결혼 관련 단어 /

약혼	nişan	턱시도	damatlık
결혼	düğün	웨딩드레스	gelinlik
결혼식장	evlenme salonu	청첩장	davetiye
신랑	damat	헤나의 밤	kına gecesi
신부	gelin	혼수	çeyiz

/ 축하 및 기원 인사 표현 /

(결혼하는 사람들에게) 신께서 행복을 주시기를.	Allah mutlu mesut etsin.
축하합니다. / 행운을 빕니다.	Hayırlı olsun.
축하합니다.	Tebrik ederim.
행운이 있기를.	İyi şanslar.
(힘든 일을 성공시킨 사람에게) 애쓰셨어요.	Helal olsun.
(결혼하는 사람들에게) 백년해로 하세요.	Bir yastıkta kocayın.

Ⓐ 간접화법

누군가에게 들은 것을 다른 사람에게 전달할 때 간접화법을 사용한다. 간접화법 어미는 ı / i / u / ü 모음 조화에 따라 동사 어간에 -mış / -miş / -muş / -müş를 쓴다. 간접화법 어미는 동사, 명사, 형용사에 모두 붙을 수 있다.

> 동사 어간/명사/형용사 + 시제 + 간접화법 + 인칭어미

● 동사 용법

간접화법에 각각의 시제를 붙여 표현할 수 있다.

(1) 현재시제

현재 진행 중인 것을 전달할 경우, 현재시제 어미 뒤에 간접화법 어미가 붙는다. 이때 주어에 따라 인칭어미도 붙는다.

Zeynep Koreceyi öğreniyormuş. 제이넵이 한국어를 배우고 있대.

Şimdi Mehmet buraya geliyormuş. 지금 메흐멧이 여기로 오고 있대.

Onlar Ankara şubesi'nde çalışıyorlarmış. 그들은 앙카라 지점에서 일하고 있대.
> 참고 – 주어가 onlar일 때는 인칭어미가 시제 어미 뒤에 붙는다.

Mehmet kütüphanede ders çalışıyor muymuş? 메흐멧은 도서관에서 공부하고 있대?
> 참고 – 의문형은 의문형 어미에 매개자음 y, 간접화법 어미를 붙여주면 된다.

(2) 과거시제

과거에 발생한 일을 전달할 때에는 시제 어미를 생략하고 동사 어간에 곧바로 간접화법 어미를 붙인다. 이때 주어에 따라 인칭어미도 붙는다.

Bunu Deniz hanım yaptırmış. 이것을 데니즈 씨가 시켰대.

Mehmet dün hasta olduğu için okula gitmemiş. 메흐멧은 어제 아파서 학교에 안 갔대.

Seongjun'a göre sen dün partiye gelmemişsin. 성준에 의하면 네가 어제 파티에 안 왔대.

Emreden duydum. Dün gece ben çok içki içmişim.

엠레한테 들었어. 어젯밤 내가 많은 술을 마셨대.

Onlar Türkiye'de evlenmişler. 그들은 튀르키예에서 결혼했대.

Mina dün bana mesaj göndermiş mi? 민아가 어제 나한테 메시지를 보냈대?

참고 – 의문형은 동사 어간에 간접화법 어미를 붙인 상태에서 의문형 어미만 써주면 된다.

(3) **미래시제**

미래에 일어날 일을 전달할 경우, 미래시제 어미 뒤에 간접화법 어미가 붙는다. 이때 주어에 따라 인칭어미도 붙는다.

Siz iki ay sonra Kore'ye gidecekmişsiniz.

너희들은 두 달 후에 한국에 갈 거래.

O Türkiye'ye gittiğinde bana mektup göndereceklmiş.

그가 튀르키예에 갔을 때 나한테 편지를 보내겠대.

Onlar televizyon izleyerek ödev yapacaklarmış.

그들은 텔레비전을 보면서 과제를 할 거래.

Annene göre sen yarın okula gelemeyecekmişsin.

너희 어머니에 따르면 네가 내일 학교에 못 올 거래.

O yarın ofise gelecek miymiş? 그는 내일 사무실에 올 거래?

참고 – 의문형은 의문형 어미에 매개자음 y, 간접화법 어미를 붙여주면 된다.

● **명사 용법**

명사에는 바로 간접화법 어미가 붙는다. 단, 모음으로 끝나는 명사에는 매개자음 y가 붙는다.

Onun adı Yejiymiş. 그녀의 이름은 예지래.

Yeji öğretmenmiş. 예지는 선생님이래.

● **형용사 용법**

형용사에는 바로 간접화법 어미가 붙는다. 단, 모음으로 끝나는 형용사에는 매개자음 y가 붙는다.

O ev çok güzelmiş. 그 집은 정말 예쁘대.

O haber gerçekten enteresanmış. 그 소식은 정말 재미있대.

Mina çok hastaymış. 민아가 아주 아프대.

잠깐!

• -mış는 간접화법 이외에도 '~인 것 같다(추측)'의 뜻으로도 사용된다.

Ben otobüse kitabı düşürmüşüm. 나 버스에 책을 떨어뜨린 것 같아.

Biz derse geç kalmışız. 우리 수업에 늦은 것 같아.

Aldığınız puana göre çok ders çalışmışsınız. (너희들이) 얻은 점수에 의하면 많이 공부한 것 같구나.

B 대과거형: ~했었다

과거보다 더 이전의 과거를 나타내는 '~했었다'를 표현할 때는 동사 어간에 대과거형 어미 -mıştı / -mişti / -muştu / -müştü을 붙인다. 이때 주어에 따라 인칭어미도 붙인다.

On yıl önce Türkiye'ye gitmiştim. 10년 전에 튀르키예에 갔었어.

Çocukken bu kitabı okumuştum. 어렸을 때 이 책을 읽었었어.

5 yıl önce Türkçeyi öğrenmiştim. 5년 전에 터키어를 배웠었어.

Sen geçen yıl bana mektup göndermiştin. 네가 작년에 나에게 편지를 보냈었어.

Biz birbirimizi çok sevmiştik. 우리는 서로를 정말 사랑했었다.

'~했었니?'라고 묻고 싶을 때는, 동사 어간에 대과거형 어미를 붙인 상태에서 의문형 어미–매개자음 y-과거시제 어미–인칭어미 순으로 붙여주면 된다.

On yıl önce Türkiye'ye gitmiş miydim? (내가) 10년 전에 튀르키예에 갔었니?

Çocukken bu kitabı okumuş muydum? (내가) 어렸을 때 이 책을 읽었었니?

5 yıl önce Türkçeyi öğrenmiş miydim? (내가) 5년 전에 터키어를 배웠었니?

또한 대과거형 어미는 ya라는 감탄사와 함께 쓰여 '~했었잖아', '~했었잖아요'의 뜻을 가진 구어문이 되기도 한다.

Biz geçen gün Ayasofya müzesi'ne gitmiştik ya.

우리 예전에 아야소피아박물관에 갔었잖아.

Ben sana söylemiştim ya.

내가 너한테 말했었잖아.

İstanbul'a gittiğimizde onu görmüştük ya.

(우리가) 이스탄불에 갔을 때 그를 봤었잖아.

O bize hediye göndermişti ya.

그가 우리에게 선물을 보냈었잖아.

EXERCISE

녹음을 들으면서 빈칸에 알맞은 말을 쓰세요.

MP3 **12-3**

| 보기 | *Emre*   Yeji, sen duydun mu? Seongjun evlenmiş!

(1) *Yeji*   Evet, Mina'dan _____ _____.

   Çok _____ bir haber değil mi?

(2) *Emre*   Aynen. Ama niye bizi _____ _____?

(3) *Yeji*   Onlar İstanbul'da _____ _____ bizi davet edememişler.

(4) *Emre*   Neyse onlara _____ _____. Onlar nerede _____?

(5) *Yeji*   Ankara'da _____. Çünkü gelin orada _____.

2. 다음 보기 중에서 알맞은 말을 골라 대화를 완성하세요.

| 보기 | gitmiştim   nişanlanmış   çalışacakmış   düşürmüşüm   içmişsin

(1) A Mehmet mezun olduktan sonra ne yapacakmış?

   B Kore'de _____.

(2) A Bugün çok kötüyüm.

   B Mina'ya göre sen dün çok fazla içki _____!

(3) A Sen ne zaman Türkiye'ye gittin?

   B 5 yıl önce _____.

(4) A Senin kitabın nerede?

   B Otobüse _____.

(5) A Sen onu duydun mu? Deniz hanım _____!

   B Gerçekten mi?

3. 간접화법과 대과거형을 사용하여 문장을 완성하세요.

> | 보기 |　Emre'ye göre Seongjun bir ay sonra nişanlanacakmış.
>
> Biz on yıl önce Kore'ye gitmiştik.

(1) Yarın Türkçe sınavı var＿＿＿＿＿＿＿.　　　　　　　[간접화법]

(2) O şimdi İstanbul şubesi'nde çalış＿＿＿＿＿＿＿.　　　[간접화법]

(3) Mina'ya göre dün Mehmet çok fazla içki iç＿＿＿＿＿＿＿.　[간접화법]

(4) Bu kitabı küçükken zaten oku＿＿＿＿＿＿＿tum.　　　[대과거형]

(5) Ben de bu haberi Deniz hanım'dan duy＿＿＿＿＿＿＿tum.　[대과거형]

(6) 6 yıl önce Türkiye'ye git＿＿＿＿＿＿＿tim.　　　　　[대과거형]

4. 다음 문장을 터키어 문장으로 써 보세요.

> 2주 후에 터키어 시험이 있기 때문에 공부를 해야 합니다. 이번 시험은 무척 어렵대요. 3개월 동안 터키어를 배우고 있지만 문법은 아직 너무 어렵습니다. 2년 전 친구들과 튀르키예에 갔을 때는 터키어를 전혀 몰랐었는데 지금은 튀르키예 사람들과 이야기할 수 있어요.

단어　Türkçe sınavı 터키어 시험　　üç aydır 3개월 동안　　dil bilgisi 문법　　hiç bilmemek 전혀 모르다
Türkler 튀르키예 사람들

어깨너머 튀르키예

• 튀르키예의 결혼식 •

튀르키예에는 매우 다양한 결혼 문화가 혼재하고 있어서, 각 지역의 관습 및 문화에 따라 다채로운 형태로 나타난다. 각각의 결혼 문화는 무척 상이해서 마치 전혀 다른 국가나 문화에서 비롯된 것처럼 독특한 형태를 보인다. 흑해 연안, 동쪽 지방, 에게 지방 및 남쪽 지방 등 각 지역마다 고유의 결혼 문화가 존재하는데, 이들 사이의 공통점은 결혼하는 이들이 예식 후에 별도의 집을 마련한다는 것과 명확한 규칙에 따라 결혼 생활을 해나간다는 것이다.

튀르키예의 가장 일반적인 결혼 과정은 약혼 Nişan으로 시작된다. 물론 약혼을 하기 전에 신랑은 반드시 신부의 집에 찾아가 신부의 부모로부터 결혼 승낙을 받아내야 한다. 이때 신랑은 신부의 집에 꽃다발과 초콜릿을 사 가지고 가야 한다. 또한 결혼 승낙을 받으러 온 신랑을 곯리기 위해 일부러 소금이나 설탕 등을 잔뜩 넣은 튀르키예 커피를 마시게 하는 문화도 있는데, 신랑은 맛이 어떻든 간에 무조건 그 커피를 다 마셔야 한다.

약혼식의 규모는 결혼식보다 간소하며 대부분 가족과 친지, 가까운 지인들이 모여 결혼식에 앞선 신랑과 신부의 언약을 축복해 준다. 약혼식이 끝나면 '헤나의 밤 Kına gecesi'이라는 식전 축하 파티가 열린다. 보통 신부쪽에서 준비를 하며 신부의 여자 가족들이나 여자 친구들이 함께 모여 즐겁게 춤을 추면서 손바닥이나 손등에 헤나 문신을 새긴다. 헤나의 밤이 끝나고 나면 본격적으로 결혼식을 시작한다. 결혼식은 꽤 오랜 시간에 걸쳐 흥겹고 쾌활한 분위기 속에서 진행된다. 튀르키예에는 각 지역에 따른 전통 음악이나 춤 등이 다르게 나타나기 때문에 해당 지역의 음악에 맞춰 모든 사람들이 한데 어울려 춤을 추며 흥겨움을 만끽한다.

튀르키예에도 결혼 축의금이 있다. 다만 우리나라처럼 식전에 축의금을 주지 않고, 또 축의금을 받는 사람들이 따로 있지도 않다. 결혼식이 진행되는 도중에 축의금 전달식이 이루어지는데, 하객들이 차례로 나와 신랑이나 신부의 몸에 둘러진 띠에 돈이나 금을 붙여준다.

부록

EXERCISE

1. BÖLÜM

1. 녹음을 들으면서 빈칸에 알맞은 말을 쓰세요. [MP3 01-3]

Deniz   Merhaba. Nasılsınız?
안녕하세요. 당신은 잘 지내세요?

(1) Seongjun   Merhaba. Teşekkür ederim.
Çok iyiyim. Siz nasılsınız?
안녕하세요. 감사합니다. 잘 지냅니다. 당신은 잘 지내세요?

(2) Deniz   Sağolun, iyiyim.
감사합니다. 잘 지냅니다.

(3) Seongjun   Benim adım Seongjun. Sizin adınız ne?
제 이름은 성준입니다. 성함이 어떻게 되세요?

(4) Deniz   Benim adım Deniz. Memnun oldum.
제 이름은 데니즈입니다. 반갑습니다.

2. 다음 보기 중에서 알맞은 말을 골라 대화를 완성하세요.

(1) A   Siz öğretmen misiniz? 당신은 선생님이신가요?
B   Hayır, ben memurum. 아니요, 저는 공무원입니다.

(2) A   Deniz, teşekkür ederim. 데니즈, 감사합니다.
B   Rica ederim. 천만에요.

(3) A   Nerelisiniz? 어느 나라 사람이세요?
B   Ben Türküm. 저는 튀르키예 사람입니다.

(4) A   Merhaba. Nasılsınız? 안녕하세요. 잘 지내세요?
B   İyiyim. 잘 지냅니다.

(5) A   Çok özür dilerim. 정말 죄송합니다.
B   Sorun değil. 괜찮습니다.

3. 인칭대명사와 인칭어미를 사용하여 문장을 완성하세요.

(1) Sen çalışkansın. 너는 부지런하다.

(2) Onlar öğretmenler. 그들은 선생님이다.

(3) Hayır, o memur değil. 아니요, 그는 공무원이 아닙니다.

(4) Ben öğrenciyim. 나는 학생입니다.

(5) Siz memursunuz. 당신들은 공무원입니다.

(6) Onlar Koreli değiller. 그들은 한국 사람이 아닙니다.

4. 다음 문장을 터키어 문장으로 써 보세요.

(1) Merhaba.   (2) Benim adım Deniz.

(3) Ben Türküm.   (4) Ben memurum.

(5) Memnun oldum.

2. BÖLÜM

1. 녹음을 들으면서 빈칸에 알맞은 말을 쓰세요. [MP3 02-3]

Mina   Affedersiniz, burada müze var mı?
실례합니다, 여기에 박물관이 있나요?

(1) adam   Hangi müze?
어떤 박물관이요?

(2) Mina   İslami sanatlar ile ilgili bir müze.
이슬람 예술들과 관련된 박물관들이요.

(3) adam   Burada yok.
여기엔 없어요.

(4) Mina   O zaman diğer müzeler nerede?
그럼 다른 박물관들은 어디예요?

(5) adam   Şurada Ayasofya müzesi var.
저기에 아야소피아 박물관이 있어요.

2. 다음 보기 중에서 알맞은 말을 골라 대화를 완성하세요.

(1) A   Giriş ücreti ne kadar? 입장료가 얼마인가요?
B   20lira. 20리라요.

(2) A   Müze nerede? 박물관이 어디예요?
B   Müze şurada. 박물관은 저기예요.

(3) A   Sende kalem var mı? 너한테 볼펜 있니?
B   Hayır, bende yok. 아니, 나한테 없어.

(4) A   Sen orada mısın? 너 거기에 있니?
B   Evet, ben buradayım. 응. 나 여기 있어.

(5) A   Bu müze neden kapalı? 이 박물관은 왜 닫혀 있죠?
B   Çünkü bu nisandan beri inşaatta.
왜냐하면 이번 4월부터 공사 중이거든요.

3. 처격조사를 사용하여 문장을 완성하세요.

(1) Affedersiniz, islami sanatlar ile ilgili müzeler
nerede var?
실례합니다, 이슬람 예술들과 관련된 박물관들이 어디에 있나요?

(2) Sende kırmızı kalem yok mu? 너한테 빨간색 펜 없니?

(3) Siz orada mısınız? 너희들 거기에 있니?

(4) Burada müzeler yok. Ama şurada başka
müzeler var.
여기에는 박물관들이 없어요. 하지만 저기에 다른 박물관들이 있어요.

(5) O müze nisandan beri inşaatta.
그 박물관은 4월부터 공사 중이에요.

(6) Bende kırmızı çanta var. 나한테 빨간색 가방이 있어.

4. 다음 문장을 터키어 문장으로 써 보세요.

(1) Affedersiniz.

(2) Sanat ile ilgili müze nerede?

(3) Giriş ücreti ne kadar(=kaç lira)?

(4) O müze neden inşaatta?

(5) Tamam. Çok teşekkür ederim.

3. BÖLÜM

1. 녹음을 들으면서 빈칸에 알맞은 말을 쓰세요. [MP3 03-3]

	Zeynep	Merhaba Seongjun. Ne yapıyorsun? 안녕 성준아. 뭐 하고 있니?
(1)	*Seongjun*	Ben kitap okuyorum. 나는 책을 읽고 있어.
(2)	*Zeynep*	Ne okuyorsun? 무슨 책 읽고 있어?
(3)	*Seongjun*	İslami sanatlar ile ilgili bir kitap okuyorum. Sen ne yapıyorsun? 이슬람 예술들과 관련된 책을 읽고 있어. 너는 뭐 하고 있어?
(4)	*Zeynep*	Ben dershaneye gidiyorum. Orada Koreceyi öğreniyorum. Ama çok zor. 나는 학원에 가고 있어. 거기에서 한국어를 배우고 있어. 근 데 너무 어려워.
(5)	*Seongjun*	Hayır, Korece o kadar da zor değil. 아니야, 한국어 그렇게 어렵지 않아.

2. 다음 보기 중에서 알맞은 말을 골라 대화를 완성하세요.

(1) A Sen ne yapıyorsun? 너 뭐 하고 있니?
   B Ben kitap okuyorum. 나는 책을 읽고 있어.

(2) A Onlar ne yapıyorlar? 그들은 뭐 하고 있나요?
   B Dershaneye gidiyorlar. 그들은 학원에 가고 있어요.

(3) A Onlar ne öğreniyorlar? 그들은 무엇을 배우나요?
   B Koreceyi öğreniyorlar. 그들은 한국어를 배우고 있어요.

(4) A O kütüphaneye gidiyor mu? 그가 도서관에 가고 있니?
   B Hayır, o gitmiyor. 아니, 그는 가고 있지 않아.

(5) A Ne okuyorsun? 무슨 책 읽고 있니?
   B Türk tarihi ile ilgili bir kitap okuyorum.
      튀르키예 역사와 관련된 책을 읽고 있어.

3. 현재 시제형을 사용하여 문장을 완성하세요.

(1) Sen bugün ne yapıyorsun? 너 오늘 뭐 하니?

(2) Siz okula geliyor musunuz? 너희들 학교에 오고 있니?

(3) Onlar Türkçeyi öğreniyorlar.
   그들은 터키어를 배우고 있습니다.

(4) Biz Türk tarihi ile ilgili bir kitap okuyoruz.
   우리는 튀르키예 역사와 관련된 책을 읽고 있어요.

(5) Ben bugün kütüphaneye gidemiyorum.
   나는 오늘 도서관에 가지 않아.

(6) O okula gitmiyor. 그는 학교에 가지 않는다.

4. 다음 문장을 터키어 문장으로 써 보세요.

(1) Seongjun, ne yapıyorsun?

(2) Ben dershaneye gidiyorum.

(3) Ben dershanede Koreceyi öğreniyorum.

(4) Sen şimdi kütüphaneye gidiyor musun?

4. BÖLÜM

1. 녹음을 들으면서 빈칸에 알맞은 말을 쓰세요. [MP3 04-3]

(1)	*Zeynep*	Seongjun, sen kalktıktan sonra ne yapıyorsun? 성준아, 너 일어난 후에 뭐 하니?
(2)	*Seongjun*	Su içiyorum. Sen kahvaltı yaptıktan sonra ne yapıyorsun? 물 마셔. 넌 아침 식사를 하고 나서 뭐 하니?
(3)	*Zeynep*	Ben kahvaltı yaptıktan sonra duş alıyorum. 나는 아침 식사를 한 후에 샤워를 해.
(4)	*Seongjun*	O zaman otobüs gelene kadar ne yapıyorsun? 그럼 버스가 올 때까지 뭐 하니?
(5)	*Zeynep*	Müzik dinliyorum. 음악 들어.

2. 다음 보기 중에서 알맞은 말을 골라 대화를 완성하세요.

(1) A Sen kalktıktan sonra ne yapıyorsun?
      너는 일어난 후에 뭐 하니?
   B Kahvaltı yapıyorum. 아침 식사 해.

(2) A Duş almadan önce kahvaltı yapmak istiyor
      musun? 너 샤워하기 전에 아침 식사하고 싶니?

167

B Evet. 네.

(3) A Ben okula gidiyorum. 나 학교에 가.

B Ben okula gitmeden önce kütüphaneye gidiyorum. 나는 학교에 가기 전에 도서관에 가.

(4) A Sen mezun olduktan sonra ne olmak istiyorsun? 너는 졸업하고 나서 무엇이 되고 싶어?

B Ben memur olmak istiyorum.
나는 공무원이 되고 싶어.

(5) A Siz otobüs gelene kadar ne yapıyorsunuz? 너희들은 버스가 올 때까지 뭐 하니?

B Müzik dinliyoruz. 음악을 들어요.

3. '～하기 전에, ～하고 나서'의 표현을 사용하여 문장을 완성하세요.

(1) Ben duş almadan önce gazete okuyorum.
나는 샤워를 하기 전에 신문을 읽어요.

(2) Onlar gelmeden önce kahvaltı yapmak istiyorum. 그들이 오기 전에 아침 식사를 하고 싶어요.

(3) Sen kahvaltı yapmadan önce gazete okuyor musun? 너는 아침 식사를 하기 전에 신문을 읽니?

(4) Sen mezun olduktan sonra ne yapmak istiyorsun? 너는 졸업하고 나서 뭐 하고 싶니?

(5) Sen kütüphanede ders çalıştıktan sonra nereye gidiyorsun? 너 도서관에서 공부하고 나서 어디로 가니?

(6) Ben kalktıktan sonra su içiyorum.
오늘 일어난 후에 물을 마셨어.

4. 다음 문장을 터키어 문장으로 써 보세요.

(1) Ben her sabah 9'da kalkıyorum.

(2) Kalktıktan sonra duş alıyorum.

(3) Duş aldıktan sonra kahvaltı yapıyorum.

(4) Evden çıktıktan sonra durakta otobüs bekliyorum.

(5) Otobüs gelene kadar müzik dinliyorum.

5. BÖLÜM

1. 녹음을 들으면서 빈칸에 알맞은 말을 쓰세요. [MP3 05-3]

(1) *Mehmet* Mina, senin baban kaç yaşında?
민아야, 너희 아버지는 나이가 어떻게 되시니?

(2) *Mina* Benim babam 56 yaşında.

우리 아버지는 56세셔.

(3) *Mehmet* Ablan üniversitede ne okuyor?
너희 언니는 대학교에서 무엇을 전공하니?

(4) *Mina* Ablam üniversitede bilgisayar mühendisliğini okuyor.
우리 언니는 대학교에서 컴퓨터 공학을 전공하고 있어.

(5) *Mehmet* Öyle mi? Benim ağabeyim de gelecekte o bölümü okumak istiyor.
그래? 우리 형도 미래에 그 분야를 전공하고 싶어 해.

2. 다음 보기 중에서 알맞은 말을 골라 대화를 완성하세요.

(1) A Ablan nereye gidiyor? 너희 언니 어디에 가니?

B Ablam islam müzesine gidiyor.
우리 언니 이슬람 박물관에 가고 있어.

(2) A Mehmet kaç yaşında? 메흐멧은 몇 살이니?

B 19 yaşında. 19살이야.

(3) A Bu kimin çantası? 이거 누구의 가방이니?

B Bu annemin çantası. 이건 저희 엄마의 가방이에요.

(4) A Senin erkek kardeşin mezun olduktan sonra ne olmak istiyor?
너의 남동생은 졸업한 후에 무엇이 되고 싶어 하니?

B Basketbol oyuncusu olmak istiyor.
농구 선수가 되고 싶어 해.

(5) A Sen gelecekte ne olmak istiyorsun?
너는 미래에 무엇을 하고 싶니?

B Öğretmen olmak istiyorum. 선생님이 되고 싶어요.

3. 명사의 인칭화 어미와 격조사를 사용하여 문장을 완성하세요.

(1) Erkek kardeşim üniversitede bilgisayar mühendisliğini okuyor.
저의 남동생은 대학교에서 컴퓨터 공학을 전공하고 있어요.

(2) Ben gelecekte basketbol oyuncusu olmak istiyorum. 저는 미래에 농구 선수가 되고 싶어요.

(3) Bugün size benim ailemi tanıtmak istiyorum.
오늘 여러분에게 나의 가족을 소개하고 싶습니다.

(4) Sizin ablanız nereye gidiyor?
당신의 언니는 어디에 갑니까?

(5) Senin kırmızı çantan nerede? 너의 빨간색 가방 어딨니?

(6) Onun babası İstanbul'da çalışıyor.
그의 아버지는 이스탄불에서 일한다.

4. 다음 문장을 터키어 문장으로 써 보세요.

Benim babam 54 yaşında. Araba şirketinde çalışıyor. Benim annem ev hanımı. Her gün bize lezzetli yemekler yapıyor. Benim kız kardeşim lisede okuyor. Mezun olduktan sonra üniversitede bilgisayar mühendisliğini okumak istiyor. Ben benim ailemi çok seviyorum.

6. BÖLÜM

1. 녹음을 들으면서 빈칸에 알맞은 말을 쓰세요. [MP3 06-3]

Taeho   Merhaba Deniz. Nasılsın?
안녕 데니즈. 어떻게 지내?

(1) Deniz   Ben hastayım. O yüzden dünkü toplantıya gidemedim.
저 아파요. 그래서 어제 회의에 못 갔어요.

(2) Taeho   Öyle mi? Geçmiş olsun. 그래? 빨리 나으렴.

Deniz   Teşekkür ederim. Siz toplantıya gittiniz mi? 감사합니다. 당신은 회의에 가셨나요?

(3) Taeho   Evet, ben gittim. 응. 나는 갔어.

(4) Deniz   Müdürümüz ne anlattı?
우리의 사장님이 뭘 설명했나요?

(5) Taeho   Enerji tasarrufu konusundan bahsetti.
에너지 절약 주제에 대해 언급했어.

2. 다음 보기 중에서 알맞은 말을 골라 대화를 완성하세요.

(1) A   Sen ne zaman Türkiye'ye geldin?
너 언제 튀르키예에 왔니?

B   Bir yıl önce geldim. 1년 전에 왔어요.

(2) A   Dün seni çok aradım. Neredeydin?
어제 너한테 엄청 전화했어. 어디에 있었어?

B   Ben okuldaydım. 나 학교였어.

(3) A   Baban nereye gitti? 너희 아버지 어디에 가셨니?

B   Babam dün İstanbul'a gitti.
저희 아버지는 어제 이스탄불에 가셨어요.

(4) A   Emre, ben çok hastayım. 엠레야, 나 너무 아파.

B   Geçmiş olsun. 빨리 나아.

(5) A   Dünkü toplantıda ne söyledin?
어제의 회의에서 무엇을 이야기했니?

B   Enerji tasarrufu konusundan bahsettim.
에너지 절약 주제에 대해 언급했어.

3. 과거시제를 사용하여 문장을 완성하세요.

(1) Ben sabah 11'de kütüphaneye gittim.
나는 아침 11시에 도서관에 갔어.

(2) Siz müzeye gitmediniz mi? 너희들 박물관에 안 갔니?

(3) Onlar hastaneye gemediler. 그들은 병원에 안 왔어.

(4) Müdürümüz toplantıda ne söyledi?
사장님이 회의에서 무슨 말을 했니?

(5) Biz kütüphaneye gidemedik. 우리는 도서관에 못 갔어.

(6) O kütüphanede ders çalışmadı mı?
그는 도서관에서 공부 안 했어?

4. 다음 문장을 터키어 문장으로 써 보세요.

(1) Ben dün hastaydım.

(2) Ben sabah 10'da hastaneye gidiyordum.

(3) O yüzden toplantıya gidemedim.

(4) Müdürümüz dün toplantıda ne söyledi?

7. BÖLÜM

1. 녹음을 들으면서 빈칸에 알맞은 말을 쓰세요. [MP3 07-3]

Seongjun   Zeynep, bu tatilde bir planın var mı?
제이넵, 이번 방학 때 어떤 계획 있니?

(1) Zeynep   Evet, var. Ben bu tatilde Koreceyi öğreneceğim.
응, 있어. 나는 이번 방학 때 한국어를 배울 거야.

(2) Seongjun   Harika! Ben de sana yardım edeceğim.
멋지다! 내가 너한테 도움을 줄게.

(3) Zeynep   Çok teşekkür ederim, Seongjun. Sen bu tatilde ne yapacaksın?
정말 고마워, 성준아. 너는 이번 방학 때 뭐 할 거니?

(4) Seongjun   Ben bu tatilde Yunanistan'a gideceğim.
나는 이번 방학 때 그리스에 갈 거야.

(5) Zeynep   Öyle mi? Bana mutlaka mektup yaz. Tamam mı? 그래? 나한테 꼭 편지 써. 알았지?

2. 다음 보기 중에서 알맞은 말을 골라 대화를 완성하세요.

(1) A   Ben yarın toplantıya gideceğim. Siz gidecek misiniz? 나는 내일 회의에 갈 거야. 너희들도 올 거니?

B   Hayır, gitmeyeceğiz. 아니요. 우리는 안 갈 겁니다.

(2) A   Sen Türkiye'de bana mektup yazacak mısın?
너 튀르키예에서 나한테 편지 쓸 거니?

B Mutlaka yazacağım. 꼭 쓸 거야.

(3) A Ben yarın Kore'ye gideceğim.
나 내일 한국에 갈 거야.

B Harika! Bana mektup yaz. 멋지다! 나한테 편지 써.

(4) A Siz bana mektup gönderecek misiniz?
너희들 나한테 편지 보낼 거야?

B Elbette. 물론이죠.

(5) A Seongjun, yarın Zeynep de okula gelsin.
성준아, 내일 제이넵도 학교로 오라고 해.

B Tamam. 알았어요.

3. 미래시제와 명령형을 사용하여 문장을 완성하세요.

(1) Sen Türkiye'ye gelecek misin? 너 튀르키예에 갈 거니?

(2) Onlar bu tatilde Koreceyi öğrenecekler mi?
그들은 이번 휴가 때 한국어를 배울 건가요?

(3) Ben İstanbul'daki akrabamı ziyaret edeceğim.
나는 이스탄불에 있는 친척을 방문할 거야.

(4) Sen Yunanistan'a gittikten sonra mutlaka bana
mektup yaz. 너 그리스에 간 후에 꼭 나한테 편지 써.

(5) Siz bu tatilde gitar çalmayı öğrenin.
당신은 이번 휴가 때 기타 치는 것을 배우세요.

(6) Mehmet, yarın Zeynep de kütüphaneye gelsin.
메흐멧, 내일 제이넵도 도서관에 오라고 해요.

4. 다음 문장을 터키어 문장으로 써 보세요.

Ben bu tatilde Japoncayı öğreneceğim. Çünkü
Japonya'daki arkadaşımı ziyaret edeceğim.
Japonya'dan anneme mektup da yazacağım.
Japonya'dan Kore'ye geldikten sonra gitar çalmayı
öğreneceğim.

◀ 8. BÖLÜM ▶

1. 녹음을 들으면서 빈칸에 알맞은 말을 쓰세요. [MP3 08-3]

Doktor Merhaba. Ben nasıl yardımcı olabilirim?
안녕하세요. 제가 어떻게 도와드릴까요?

(1) Yeji Ben beş gün önce randevu aldım.
저 5일 전에 예약을 했어요.

(2) Doktor Öyle mi? O zaman randevu numaranızı
söyler misiniz?
그래요? 그럼 예약 번호를 말씀해 주시겠어요?

(3) Yeji Benim randevu numaram 5060.
제 예약 번호는 5060이에요.

(4) Doktor Kulağınız ağrıyor değil mi?
귀가 아픈 거죠?

(5) Yeji Evet. O yüzden bugünlerde hiç müzik
dinleyemiyorum.
네. 그래서 요즘 전혀 음악을 못 들어요.

2. 다음 보기 중에서 알맞은 말을 골라 대화를 완성하세요.

(1) A Maalesef ben bunu yapamam.
아쉽지만 나는 이걸 못 해.

B Yapamazsan yapma. 못 한다면 하지 마.

(2) A Sen gitar çalmayı seviyor musun?
너 기타 치는 거 좋아하니?

B Evet, çok severim. 응. 엄청 좋아해.

(3) A Ben de Koreceyi öğrenmek istiyorum.
나도 한국어를 배우고 싶어.

B Biz Koreceyi öğrenirsek Koreliler ile
konuşacağız.
우리가 한국어를 배운다면 한국 사람들과 이야기 할 거야.

(4) A Sen yarın partiye gider misin?
너 내일 파티에 갈 거니?

B Hayır, ben gidemem. 아니, 난 못 가.

(5) A Bacağınız ağrıyor değil mi? 다리가 아픈 거죠?

B Evet, o yüzden bugünlerde hiçparkta
koşamıyorum. 네. 그래서 요즘 전혀 공원에서 못 뛰어요.

3. 초월시제와 가정형을 사용하여 문장을 완성하세요.

(1) Ben her sabah gazete okurum.
나는 매일 아침 신문을 읽습니다.

(2) Bacağım ağrıyor. O yüzden bugünlerde hiç
spor yapamam. 다리가 아파요. 그래서 요즘 전혀 운동을 못해요.

(3) Biz her gün parkta koşarız. 우리는 매일 공원에서 뛰어요.

(4) Sen Türkiye'ye gidersen bana mutlaka mektup
yaz. 너 튀르키예에 가면 나한테 꼭 편지 써.

(5) Onlar kütüphaneye gitmezlerse ben de
gitmeyeceğim. 그들이 도서관에 안 온다면 나도 안 갈 거야.

(6) O Türkçeyi öğrenirse Türkler ile konuşacak.
그가 터키어를 배운다면 튀르키예 사람들과 이야기할 거야.

4. 다음 문장을 터키어 문장으로 써 보세요.

Bugünlerde her sabah parkta spor yapamam.
Çünkü bacağım çok ağrıyor. Bacağım iyileşene
kadar spor yapmayacağım. Tabii bacağım
iyileşirse her sabah spor yaparım ve her akşam
parkta koşarım.

9. BÖLÜM

1. 녹음을 들으면서 빈칸에 알맞은 말을 쓰세요. [MP3 09-3]

Emre Merhaba Mina. Nereden geliyorsun?
안녕 민아야. 어디에서 오는 거야?

(1) Mina Kütüphaneden geliyorum. Ders çalışıp
ödev yaptım. 도서관에서 오고 있어. 공부하고 과제 했어.

(2) Emre Ben de dün televizyon izleyerek ödev
yaptım. Daha bitiremedim.
나도 어제 텔레비전 보면서 과제 했어. 아직 못 끝냈어.

Mina Ben de daha bitiremedim. 나도 아직 못 끝냈어.

(3) Emre Aaa, yarın partiye gelebilir misin?
Yeji'nin doğum günü partisi var.
아, 내일 파티에 올 수 있니? 예지의 생일 파티가 있어.

(4) Mina Bugün ödevi bitiremezsem olmayabilir.
오늘 과제를 못 끝낸다면 안 될 수도 있어.

(5) Emre Bugün mutlaka ödevi bitirelim ve yarın
partiye gidelim.
오늘 꼭 과제를 끝내자 그리고 내일 파티에 가자.

2. 다음 보기 중에서 알맞은 말을 골라 대화를 완성하세요.

(1) A Sen ne yapıyorsun? 너 뭐 하고 있니?
   B Müzik dinleyerek ders çalışıyorum.
   음악 들으면서 공부하고 있어요.

(2) A Yarın Yeji'nin doğum günü partisine
   gidebilir misin? 내일 예지의 생일 파티에 갈 수 있니?
   B Maalesef ben gidemem. 아쉽지만 난 못 가.

(3) A Yarın akşam parkta beraber koşalım mı?
   내일 저녁에 공원에서 함께 뛸래?
   B Tamam. 알았어.

(4) A Emre, yarın kütüphaneye gelir misin?
   엠레, 내일 도서관에 올 거니?
   B Evet, beraber ödev yapalım. 응, 함께 숙제하자.

(5) A Dün ne yaptın? 어제 뭐 했니?

B Kitap okuyup televizyon izledim.
책 읽고 텔레비전 봤어.

3. 가능형과 청유형을 사용하여 문장을 완성하세요.

(1) Bugün ödevini bitirirsen yarın partiye
gidebilirsin. 네가 오늘 과제를 끝낸다면 내일 파티에 갈 수 있다.

(2) Sen bunu yapabilir misin? 너 이것을 할 수 있니?

(3) Onlar bugün partiye gelmeyebilirler.
그들은 오늘 파티에 안 올 수도 있어.

(4) Bu kitabı beraber okuyalım. 이 책을 함께 읽자.

(5) Kütüphanede beraber ders çalışalım mı?
도서관에서 같이 공부할래?

(6) Ödevi bitirdikten sonra televizyon izleyelim.
과제를 끝내고 나서 텔레비전 보자.

4. 다음 문장을 터키어 문장으로 써 보세요.

Yarın Emre'nin doğum günüpartisi var. Ama
ödevim çok fazla. Eğer bugün ödevi bitirirsem
yarın partiye gidebilirim. Dün de ödev yaptım
ama bitiremedim. Çünkü televizyon izleyerek
ödev yaptım. Yarın partiye mutlaka gitmek
istiyorum. Emre için güzel bir hediye de alacağım.

10. BÖLÜM

1. 녹음을 들으면서 빈칸에 알맞은 말을 쓰세요. [MP3 10-3]

Müdür Taeho bey, işinizi bitirdiniz mi?
태호 씨, 업무를 끝냈나요?

(1) Taeho Ben o işi Deniz'e yaptırdım. Çünkü bana
çok fazla iş verildi. 저 그 일을 데니즈에게 시켰어요.
왜냐하면 저에게 너무 많은 업무들이 주어졌어요.

(2) Müdür Taeho bey, siz neden sürekli işinizi
Deniz'e yaptırıyorsunuz?
태호 씨, 당신은 왜 끊임없이 업무를 데니즈에게 시키시나요?

(3) Taeho Kusura bakmayın. 죄송해요.

(4) Müdür Deniz'in de işi var. Üstelik o sürekli
İstanbul şubesi'ne gönderilir. Başka işleri
halletmek için. 데니즈도 업무도 있어요. 게다가 그는 끊
임없이 이스탄불 지점으로 보내진다고요. 다른 업무들을 처리하
기 위해서요.

(5) Taeho Evet, ben de biliyorum. Artık işlerimi
kendim halledeceğim.
네, 저도 알고 있어요. 이제 제 업무들을 직접 처리할게요.

2. 다음 보기 중에서 알맞은 말을 골라 대화를 완성하세요.

(1) A Dün neden o kadar meşguldün?
어제 왜 그렇게 바빴니?

B Çünkü bana çok fazla iş verildi.
왜냐하면 나에게 너무 많은 업무가 주어졌거든.

(2) A Senin numaran silindi. Tekrar alabilir
miyim? 네 번호가 지워졌어. 다시 받을 수 있을까?

B Tamam, veririm. 알았어. 줄게.

(3) A Ödevi bitirdin mi? 숙제를 끝냈니?

B Evet. Televizyon izlemek için erken
bitirdim. 네. 텔레비전을 보기 위해서 일찍 끝냈어요.

(4) A Aslında o işi Zeynep'e yaptırdım.
실은 그 업무를 제이넵에게 시켰어요.

B Artık asla Zeynep'e işinizi yaptırmayın.
이제 절대 제이넵에게 업무를 시키지 마세요.

(5) A Bu müze kim tarafından yapıldı?
이 박물관은 누구에 의해서 지어졌나요?

B Koreliler tarafından. 한국인들에 의해서요.

3. 피동형과 사동형을 사용하여 문장을 완성하세요.

(1) Deniz sürekli Ankara şubesi'ne gönderilir.
데니즈는 끊임없이 앙카라 지점으로 보내집니다.

(2) Bu köprü, Türkler tarafından yapıldı.
이 다리는, 튀르키예인들에 의해 지어졌습니다.

(3) Bu kitap, insanlar tarafından çok okundu.
이 책은 사람들에 의해 많이 읽혔습니다.

(4) Bugün çok meşguldüm. O yüzden Seongjun'a
işlerimi yaptırdım.
오늘 무척 바쁩니다. 그래서 성준에게 업무들을 시켰습니다.

(5) Ablama mektup yazdırdım. 언니에게 편지를 쓰게 했다.

(6) Onu yere oturttum. 그를 자리에 앉혔다.

4. 다음 문장을 터키어 문장으로 써 보세요.

Bugün çok meşguldüm. Çünkü işler bana çok
fazla verildi. O yüzden Deniz hanım'a işlerimi
yaptırdım. Deniz hanım başka işleri halletmek
için sürekli Ankara şubesi'ne gönderilir ama
benden daha meşgul değil. Yarın da çok
meşgulüm. İşlerimi bitirmek için İstanbul
şubesi'ne gideceğim.

11. BÖLÜM

1. 녹음을 들으면서 빈칸에 알맞은 말을 쓰세요. [MP3 11-3]

Zeynep Merhaba Seongjun. Kore'ye ne zaman
gitmelisin?
안녕 성준아. 한국에 언제 가야 하니?

(1) Seongjun Yarın sabah Kore'ye giden uçağa
binmeliyim.
내일 아침 한국에 가는 비행기에 타야 해.

(2) Zeynep Benim de işim olduğu için Kore'ye
gitmem lazım.
나도 업무가 있어서 한국에 가야 해.

(3) Seongjun Öyle mi? O zaman Kore'ye geldiğinde
bana haber ver.
그래? 그럼 한국에 왔을 때 나에게 소식을 전해줘.

(4) Zeynep Tamam. Dün benim okuduğum
gazeteye göre Kore'de havalar çok
soğuk.
알았어. 어제 내가 읽은 신문에 의하면 한국 날씨가 무척 추워.

(5) Seongjun Evet, ben de biliyorum. Kış
kıyafetlerini de alalım.
응, 나도 알아. 겨울옷들도 챙기자.

2. 다음 보기 중에서 알맞은 말을 골라 대화를 완성하세요.

(1) A Benim okuduğum kitaba göre Kore çok
güzel bir ülke.
내가 읽은 책에 의하면 한국은 정말 아름다운 나라야.

B Öyle mi? Ben de Kore'ye gitmek istiyorum.
그래? 나도 한국에 가고 싶다.

(2) A Ne zaman uçağa binmelisiniz?
언제 비행기에 타시나요?

B 3 gün sonra binmeliyiz. 3일 후에 타야 합니다.

(3) A Sen müzeye gittiğinde ben evde uyuyordum.
네가 박물관에 갔을 때 나는 집에서 자고 있었어.

B Tamam. 알았어.

(4) A Benim bugün okula gitmem lazım.
나는 오늘 학교에 가야 해.

B O zaman sen okula geldiğinde bana haber
verebilir misin?
그럼 너 학교에 왔을 때 나한테 소식 전해줄 수 있니?

(5) A Anne, bugün partiye gidebilir miyim?
엄마, 오늘 (제가) 파티에 갈 수 있을까요?

B Olmaz. Senin ödevi bitirmen lazım.
안 돼. 너는 과제를 끝내야 해.

3. 필요형과 '~해서' 표현을 사용하여 문장을 완성하세요.

(1) Benim bu işleri halletmem lazım.
    나는 이 업무들을 해결해야 해.

(2) Onun bu kitabı okuması lazım. 그는 이 책을 읽어야 해.

(3) Ben iki gün sonra Japonya'ya giden uçağa
    binmeliyim. 나는 2일 후에 일본으로 가는 비행기에 타야 해.

(4) Biz ödevi bitiremediğimiz için okula da
    gidemedik. 우리는 과제를 못 끝내서 학교에도 못 갔다.

(5) Onlar dün Türkiye'ye giden uçağa bindikleri
    için şimdi burada değiller.
    그들은 어제 튀르키예로 가는 비행기에 탔기 때문에 지금 여기에 없습니다.

(6) Siz beni aramadığınız için ben eve döndüm.
    너희들이 나한테 전화를 하지 않아서 나는 집에 돌아왔어.

4. 다음 문장을 터키어 문장으로 써 보세요.

Benim üç gün sonra Çin'e giden uçağa
binmem lazım. Çünkü işim olduğu için Çin
şubesi'ne gitmeliyim. Aslında daha erken işimi
bitirmeliydim ama başka işlerim çok olduğu için
bitiremedim. Çin şubesi'nde işimi hallettikten
sonra Japonya'ya gitmeliyim. Dün okuduğum
gazeteye göre Japonya havası çok soğuk. O
yüzden kış kıyafetlerini mutlaka almalıyım.

◀ 12. BÖLÜM ▶

1. 녹음을 들으면서 빈칸에 알맞은 말을 쓰세요. [MP3 12-3]

Emre Yeji, sen duydun mu? Seongjun evlenmiş!
        예지야, 너 들었어? 성준이가 결혼했대!

(1) *Yeji* Evet, Mina'dan haber aldım. Çok şaşırtıcı
           bir haber değil mi?
           응, 민아한테 소식 들었어. 정말 놀라운 소식이야 그렇지?

(2) *Emre* Aynen. Ama niye bizi davet etmemiş?
           그러게. 근데 왜 우리를 초대하지 않았대?

(3) *Yeji* Onlar İstanbul'da evlendikleri için bizi
           davet edememişler.
           그들이 이스탄불에서 결혼했기 때문에 우리를 초대하지 못했대.

(4) *Emre* Neyse onlara hayırlı olsun. Onlar nerede
           yaşayacaklarmış?
           어쨌든 그들에게 축복이 있기를. 그들은 어디에서 살 거래?

(5) *Yeji* Ankara'da yaşayacaklarmış. Çünkü gelin
           orada çalışıyormuş.
           앙카라에서 살 거래. 왜냐하면 신부가 거기에서 일하고 있대.

2. 다음 보기 중에서 알맞은 말을 골라 대화를 완성하세요.

(1) A Mehmet mezun olduktan sonra ne
       yapacakmış? 메흐멧은 졸업한 후에 무엇을 할 거래?
    B Korede çalışacakmış. 한국에서 일 할 거래.

(2) A Bugün çok kötüyüm. 오늘 너무 상태가 나빠.
    B Mina'ya göre sen dün çok fazla içki içmişsin!
       민아에 의하면 너 어제 너무 과하게 술을 마셨대!

(3) A Sen ne zaman Türkiye'ye gittin?
       너 언제 튀르키예에 갔니?
    B 5 yıl önce gitmiştim. 5년 전에 갔었어요.

(4) A Senin kitabın nerede? 네 책 어디 있어?
    B Otobüse düşürmüşüm. 버스에 떨어뜨렸나봐요.

(5) A Sen onu duydun mu? Deniz hanım
       nişanlanmış! 너 그거 들었니? 데니즈 씨가 약혼했대!
    B Gerçekten mi? 정말이에요?

3. 간접화법과 대과거형을 사용하여 문장을 완성하세요.

(1) Yarın Türkçe sınavı varmış. 내일 터키어 시험이 있대.

(2) O şimdi İstanbul şubesi'nde çalışıyormuş.
    성준이에 의하면 그는 지금 이스탄불 지점에서 일하고 있대.

(3) Mina'ya göre dün Mehmet çok fazla içki içmiş.
    민아에 의하면 어제 메흐멧이 아주 많이 술을 마셨대.

(4) Bu kitabı küçükken zaten okumuştum.
    이 책을 어렸을 때 이미 읽었었어.

(5) Ben de bu haberi Deniz hanım'dan
    duymuştum. 나도 이 소식을 데니즈 씨한테 들었었어.

(6) 6 yıl önce Türkiye'ye gitmiştim.
    6년 전에 튀르키예에 갔었어.

4. 다음 문장을 터키어 문장으로 써 보세요.

İki hafta sonra Türkçe sınavı olduğu için ders
çalışmalıyım. Bu sınav çok zormuş. Üç aydır
Türkçeyi öğreniyorum ama dil bilgisi hala
çok zor. 2 yıl önce arkadaşlarımla Türkiye'ye
gittiğimde Türkçeyi hiç bilmiyordum ama şimdi
Türklerle konuşabilirim.

기초 문법 & 용법

◆ 인칭대명사

Ben	나, 저	Siz	너희들, 당신들
Biz	우리	O	그, 그녀
Sen	너, 당신	Onlar	그들, 그녀들

◆ 여러 가지 격조사

격조사	마지막 모음			
	a, ı	e, i	o, u	ö, ü
소유격 '~의'	-(n)ın	-(n)in	-(n)un	-(n)ün
목적격 '~을'	-(y)ı	-(y)i	-(y)u	-(n)ü
처격 '~에, ~에서'	-da	-de	-da	-de
여격 '~로, ~에'	-(y)a	-(y)e	-(y)a	-(y)e
탈격 '~로부터, ~에서부터'	-dan	-den	-dan	-den

* 괄호 속 n와 y는 명사가 모음으로 끝날 때 붙는 매개자음이다. 명사가 자음으로 끝날 경우 매개자음을 붙이지 않는다.

◆ 인칭대명사 + 격조사

인칭대명사	소유격	목적격	처격	여격	탈격
Ben 나	Benim 나의	Beni 나를	Bende 나한테	Bana 나에게	Benden 나로부터
Biz 우리	Bizim 우리의	Bizi 우리를	Bizde 우리한테	Bize 우리에게	Bizden 우리로부터
Sen 너, 당신	Senin 당신의	Seni 당신을	Sende 당신한테	Sana 당신에게	Senden 당신으로부터
Siz 너희들, 당신들	Sizin 당신들의	Sizi 당신들을	Sizde 당신들한테	Size 당신들에게	Sizden 당신들로부터
O 그, 그녀	Onun 그의	Onu 그를	Onda 그한테	Ona 그에게	Ondan 그로부터
Onlar 그들, 그녀들	Onların 그들의	Onları 그들을	Onlarda 그들한테	Onlara 그들에게	Onlardan 그들로부터

◆ 명사 + 격조사

명사	소유격	목적격	처격	여격	탈격
çanta 가방	çantanın 가방의	çantayı 가방을	çantada 가방에	çantaya 가방으로	çantadan 가방으로부터
kalem 볼펜	kalemin 볼펜의	kalemi 볼펜을	kalemde 볼펜에	kaleme 볼펜으로	kalemden 볼펜으로부터
ev 집	evin 집의	evi 집을	evde 집에	eve 집으로	evden 집으로부터

araba 자동차	arabanın 자동차의	arabayı 자동차를	arabada 자동차에	arabaya 자동차로	arabadan 자동차로부터
Iş 일	işin 일의	işi 일을	işte 일에	işe 일로	işten 일로부터
kitap 책	kitabın 책의	kitabı 책을	kitapta 책에	kitaba 책으로	kitaptan 책으로부터

* kitap은 마지막 자음이 p로 끝나기 때문에 모음으로 시작하는 조사가 붙으면 자음조화 되어 b가 된다.
* iş는 마지막 자음이 ş로 끝나기 때문에 처격조사 -da / -de나 탈격조사 -dan / -den가 붙으면 d가 t로 바뀐다.

◆ 인칭어미

주어		마지막 모음			
		a, ı	e, i	o, u	ö, ü
나, 저	Ben	-(y)ım	-(y)im	-(y)um	-(y)üm
우리	Biz	-(y)ız	-(y)iz	-(y)uz	-(y)üz
너, 당신	Sen	-sın	-sin	-sun	-sün
너희들, 당신들	Siz	-sınız	-siniz	-sunuz	-sünüz
그, 그녀	O	없음	없음	없음	없음
그들	Onlar	-lar	-ler	-lar	-ler

* 인칭어미 : '~이다, ~입니다'에 해당하는 인칭어미는 터키어에서 매우 중요한 문법 요소 중 하나이다. 문장의 주어가 무엇인지에 따라 인칭어미 또한 달라지기 때문이다. 이 인칭어미는 명사, 형용사, 동사 모두에 결합한다.

명사	형용사	동사
öğrenci 학생	güzel 예쁜	gelmek 오다
Ben öğrenciyim. 저는 학생입니다.	Ben güzelim. 저는 예쁩니다.	Ben geliyorum. 저는 옵니다.
Biz öğrenciyiz. 우리는 학생입니다.	Biz güzeliz. 우리는 예쁩니다.	Biz geliyoruz. 우리는 옵니다.
Sen öğrencisin. 당신은 학생입니다.	Sen güzelsin. 당신은 예쁩니다.	Sen geliyorsun. 당신은 옵니다.
Siz öğrencisiniz. 당신들은 학생입니다.	Siz güzelsiniz. 당신들은 예쁩니다.	Siz geliyorsunuz. 당신들은 옵니다.
O öğrenci. 그는 학생입니다.	O güzel. 그는 예쁩니다.	O geliyor. 그는 옵니다.
Onlar öğrenciler. 그들은 학생입니다.	Onlar güzeller. 그들은 예쁩니다.	Onlar geliyorlar. 그들은 옵니다.

◆ **모음조화와 자음조화가 일어나지 않는 예외 단어**

⑴ 모음조화가 적용되지 않는 예외 단어

saat 시간, 시계 → saatler 시간들, 시계들

meşgul 바쁜 → meşgulüm. 나는 바쁩니다.

harf 문자 → harfler 문자들

alkol 알코올 → alkolü 알코올을

kabul 동의 → kabulü 동의를

(2) 자음조화가 적용되지 않는 예외 단어

yapmak 하다	→	yapıyorum. (나는) 합니다.
çıkmak 나오다	→	çıkıyorum. (나는) 나옵니다.
bitmek 끝나다	→	Ders bitiyor. 수업이 끝난다.
anlatmak 설명하다	→	anlatıyorum. (나는) 설명합니다.
surat 얼굴	→	Benim suratım 나의 얼굴
top 공	→	Senin topun 너의 공
kıyafet 옷	→	Onun kıyafeti 그의 옷

◆ **목적격 조사의 쓰임**

목적격 조사는 모든 목적어에 항상 붙는 것이 아니라 목적어가 특정한 대상일 경우에만 붙는다. 가령 목적어가 특정한 사람의 이름이라든지 명확하고 특정한 대상일 경우 목적격 조사가 붙어야 한다.

⑴ 목적어가 특정한 대상이 아닐 경우

Ben yarın kıyafet alacağım. 나는 내일 옷을 살 거야.

문장의 목적어인 kıyafet은 해석할 때 '옷을'로 해석되지만, 실제로는 목적격 조사가 붙지 않는다. 이 옷이 명확한 대상이 아니고 불특정한 대상이기 때문이다.

⑵ 목적어가 특정한 대상일 경우

Ben yarın o kıyafeti alacağım. 나는 내일 그 옷을 살 거야.

이 문장에서는 목적어가 o(그)라는 지시대명사로 특정화되고 있기 때문에 목적격 조사가 붙는다.

◆ **명사의 인칭화 어미**

소유격		자음으로 끝나는 명사				모음으로 끝나는 명사			
나의	Benim	-ım,	-im,	-um,	-üm	-m			
우리의	Bizim	-ımız,	-imiz,	-umuz,	-ümüz	-mız,	-miz,	-muz,	-müz
너의, 당신의	Senin	-ın,	-in,	-un,	-ün	-n			
너희들의, 당신들의	Sizin	-ınız,	-iniz,	-unuz,	-ünüz	-nız,	-niz,	-nuz,	-nüz
그의, 그녀의	Onun	-ı,	-i,	-u,	-ü	-sı,	-si,	-su,	-sü
그들의, 그녀들의	Onların	-ları,	-leri			-ları,	-leri		
불특정 3인칭 단수	Emre'nin	-ı,	-i,	-u,	-ü	-sı,	-si,	-su,	-sü

소유격	gazete 신문	iş 일	ev 집	kitap 책
Benim	gazetem	işim	evim	kitabım
Bizim	gazetemiz	işimiz	evimiz	kitabımız
Senin	gazeten	işin	evin	kitabın
Sizin	gazeteniz	işiniz	eviniz	kitabınız
Onun	gazetesi	işi	evi	kitabı
Onların	gazetesi/gazeteleri	işi/işleri	evi/evleri	kitabı/kitapları
Emre'nin	gazetesi	işi	evi	kitabı

* 주어가 불특정한 3인칭 단수인 경우, 명사의 인칭화 어미 뒤에 격조사가 붙으면 매개자음 n가 삽입된다.

Emre'nin gazetesini 엠레의 신문을

Emre'nin evinde 엠레의 집에서

Emre'nin kitabından 엠레의 책으로부터

◆ **일반 명사와 명사형 어미**

굳이 소유격을 붙이지 않아도 되는 명사에는 단어의 마지막에 바로 명사형 어미가 붙는다.

Türkçe sınavı 터키어 시험

Korece dersi 한국어 수업

Kola şişesi 콜라병

한편, 명사형 어미가 결합되면서 모음이 탈락해 단어의 변형이 생기는 경우도 있다.

Han nehri 한강

'강'을 뜻하는 터키어 단어는 nehir이지만, 앞의 Han에 대한 명사형 어미가 결합되면서 모음 i가 탈락해 nehri가 되었다.

Türkiye'nin şehri 튀르키예의 도시

'도시'를 뜻하는 터키어 단어는 şehir이지만, 앞의 Türkiye'nin에 대한 명사형 어미가 결합되면서 모음 i가 탈락해 şehri가 되었다.

Onun oğlu 그의 아들

'아들'을 뜻하는 터키어 단어는 oğul이지만, 앞의 onun에 대한 명사형 어미가 결합되면서 모음 u가 탈락해 oğlu가 되었다.

Benim burnum 나의 코

'코'를 뜻하는 터키어 단어는 burun이지만, 앞의 benim에 대한 명사형 어미가 결합되면서 모음 u가 탈락해 burnum이 되었다.

Benim ağzım 나의 입

'입'을 뜻하는 터키어 단어는 ağız이지만, 앞의 benim에 대한 명사형 어미가 결합되면서 모음 ı가 탈락해 ağzı가 되었다.

Senin karnın 너의 배

'배'를 뜻하는 터키어 단어는 karın이지만, 앞의 senin에 대한 명사형 어미가 결합되면서 모음 ı가 탈락해 karnın이 되었다.

또한 명사형 어미가 예외적으로 적용되는 단어로 su(물)가 있는데, 이 단어에는 명사형 어미가 붙어 susu 가 되지 않고 suyu가 된다. 가령 터키어로 '과일 주스'는 meyve suyu이다.

◆ 동사의 현재시제, 과거시제, 미래시제, 초월시제의 어미 붙이기

각 동사는 시제에 따라 주어에 따른 인칭어미가 붙는다.

인칭대명사	현재시제	과거시제	미래시제	초월시제
ben 나/저	-um	-m	-ım, -im	-ım, -im, -um, -üm
biz 우리	-uz	-k	-ız, -iz	-ız, -iz, -uz, -üz
sen 너, 당신	-sun	-n	-sın, -sin	-sın, -sin, -sun, -sün
siz 너희들, 당신들	-sunuz	-nız, -niz, -nuz, -nüz	-nız, -niz	-nız, -niz, -nuz, -nüz
o 그				
onlar 그들, 그녀들	-lar	-lar, -ler	-lar, -ler	-lar, -ler

* 미래시제에서는 주어가 ben이나 biz일 때, 인칭어미가 미래시제 어미 acak/ecek의 k가 자음조화 되어 ğ로 바뀌어서 붙는다는 것에 주의해야 한다.

– 주어가 3인칭 단수 o일 때의 형태

동사	현재시제	과거시제	미래시제	초월시제
affetmek 용서하다	affediyor	affetti	affedecek	affeder
ağlamak 울다	ağlıyor	ağladı	ağlayacak	ağlar
akmak 흐르다	akıyor	aktı	akacak	akar
almak 받다, 사다	alıyor	aldı	alacak	alır
asmak 걸다	asıyor	astı	asacak	asar
atmak 던지다, 버리다	atıyor	attı	atacak	atar
batmak 가라앉다	batıyor	battı	batacak	batar
basmak 밟다, 누르다	basıyor	bastı	basacak	basar
beslemek 기르다, 키우다	besliyor	besledi	besleyecek	besler
binmek 타다	biniyor	bindi	binecek	biner
bulmak 찾다	buluyor	buldu	bulacak	bulur
buluşmak 만나다	buluşuyor	buluştu	buluşacak	buluşur
çalmak 연주하다, 훔치다	çalıyor	çaldı	çalacak	çalar
çekmek 찍다, 당기다	çekiyor	çekti	çekecek	çeker
çevirmek 번역하다, 돌리다	çeviriyor	çevirdi	çevirecek	çevirir
çoğalmak 증가하다	çoğalıyor	çoğaldı	çoğalacak	çoğalır

demek 말하다	diyor	dedi	diyecek	der
dinlenmek 쉬다	dinleniyor	dinlendi	dinlenecek	dinlenir
dilemek 바라다	diliyor	diledi	dileyecek	diler
donmak 얼다	donuyor	dondu	donacak	donar
durmak 멈추다	duruyor	durdu	duracak	durur
duymak 듣다, 느끼다	duyuyor	duydu	duyacak	duyar
esmek 불다	esiyor	esti	esecek	eser
etmek 하다	ediyor	etti	edecek	eder
evlenmek 결혼하다	evleniyor	evlendi	evlenecek	evlenir
geçmek 지나다	geçiyor	geçti	geçecek	geçer
girmek 들어가다	giriyor	girdi	girecek	girer
gülmek 웃다	gülüyor	güldü	gülecek	güler
güvenmek 신뢰하다	güveniyor	güvendi	güvenecek	güvenir
hastalanmak 아프다	hastalanıyor	hastalandı	hastalanacak	hastalanır
hesaplamak 셈하다	hesaplıyor	hesapladı	hesaplayacak	hesaplar
inmek 내리다	iniyor	indi	inecek	iner
itmek 밀다	itiyor	itti	itecek	iter
kaçmak 도망치다	kaçıyor	kaçtı	kaçacak	kaçar
kalmak 머물다	kalıyor	kaldı	kalacak	kalır
kapatmak 닫다	kapatıyor	kapattı	kapatacak	kapatır
kızmak 화내다	kızıyor	kızdı	kızacak	kızar
kullanmak 사용하다	kullanıyor	kullandı	kullanacak	kullanır
küsmek 삐치다	küsüyor	küstü	küsecek	küser
oturmak 앉다	oturuyor	oturdu	oturacak	oturur
oynamak 놀다	oynuyor	oynadı	oynayacak	oynar
ölmek 죽다	ölüyor	öldü	ölecek	ölür
özlemek 그리워하다	özlüyor	özledi	özleyecek	özler
sanmak 가정하다	sanıyor	sandı	sanacak	sanır
satmak 팔다	satıyor	sattı	satacak	satar
seyretmek 시청하다	seyrediyor	seyretti	seyredecek	seyreder
sormak 질문하다	soruyor	sordu	soracak	sorar
süslemek 꾸미다	süslüyor	süsledi	süsleyecek	süsler
tanımak (사람을)알다	tanıyor	tanıdı	tanıyacak	tanır
taşımak 옮기다,이사하다	taşıyor	taşıdı	taşıyacak	taşır
tutmak 잡다	tutuyor	tuttu	tutacak	tutar
uçmak 날다	uçuyor	uçtu	uçacak	uçar
utanmak 부끄럽다	utanıyor	utandı	utanacak	utanır

uyanmak 깨다	uyanıyor	uyandı	uyanacak	uyanır
varmak 도착하다	varıyor	vardı	varacak	varır
vermek 주다	veriyor	verdi	verecek	verir
vurmak 때리다	vuruyor	vurdu	vuracak	vurur
yağmak (비, 눈이) 내리다	yağıyor	yağdı	yağacak	yağar
yemek 먹다	yiyor	yedi	yiyecek	yer
yıkamak 씻다	yıkıyor	yıkadı	yıkayacak	yıkar
zannetmek 가정하다	zannediyor	zannetti	zannedecek	zanneder
zıplamak (점프하듯) 뛰다	zıplıyor	zıpladı	zıplayacak	zıplar

◆ **기간을 나타내는 표현**

터키어에는 기간을 나타내는 표현이 다양하게 존재한다.

⑴ 명사 + -dan beri /-den beri

명사 뒤에 a / e 모음조화에 따라 -dan beri /-den beri를 붙인다. 명사의 마지막 자음이 센소리 ç / f / h / k / p / s / ş / t일 때는 -tan beri /-ten beri를 붙인다. 이는 '~부터 이래로'라는 의미로, 과거의 특정한 시점부터 사건이나 동작이 현재까지 지속되고 있음을 나타내는 표현이다. 따라서 문장의 시제는 반드시 현재가 되어야 한다.

Geçen seneden beri Türkçeyi öğreniyorum. 지난해부터 터키어를 배우고 있습니다.

Küçüklükten beri her gün spor yapıyorum. 어렸을 때부터 매일 운동을 하고 있습니다.

Geçen Pazardan beri hiç kitap okuyamıyorum. 지난 일요일부터 전혀 책을 못 읽고 있어요.

⑵ 명사 + -dan /-den, 명사 + -a kadar /-e kadar

'~부터 ~까지'를 나타내는 표현으로, 사건이나 동작이 시작되는 시점을 나타내는 명사 뒤에 a / e 모음조화에 따라 -dan /-den을 붙인다. 단어의 마지막 자음이 센소리 ç / f / h / k / p / s / ş / t일 때는 -tan /-ten을 붙인다. 그리고 사건이나 동작이 종료되는 시점을 나타내는 명사 뒤에 '~까지'를 의미하는 단어 -a kadar / -e kadar를 붙인다.

Bu Mart'tan Eylül'e kadar Türkiye'de kalacağım. 이번 3월부터 9월까지 튀르키예에 머물 것입니다.

Sabahtan akşama kadar ders çalıştım. 아침부터 저녁까지 공부했다.

Saat 12'den 3'e kadar ödev yapmalıyım. 12시부터 3시까지 숙제를 해야 해요.

이 표현은 기간뿐만 아니라 위치를 위해서도 사용된다.

İstanbul'dan Ankara'ya kadar giden uçak var mı? 이스탄불부터 앙카라까지 가는 비행기가 있습니까?

⑶ '∼동안'을 나타내는 표현

boyunca와 ı / i / u / ü 모음조화에 따른 -dır / -dir / -dur / -dür가 있다. 이 두 표현은 모두 '∼동안'으로 해석되지만 쓰임에 있어 약간의 차이가 있다. 먼저 boyunca는 문장의 시제가 과거일 때 사용되고, -dır / -dir / -dur / -dür는 문장의 시제가 현재나 미래일 때 사용된다.

Ben 4 ay boyunca Çinceyi öğrendim. 나는 4개월 동안 중국어를 배웠다.

Mehmet 3 yıl boyunca Kore'de kalmış. 메흐멧은 3년 동안 한국에서 머물렀대.

5 saat boyunca ödev yaptım. 5시간 동안 과제 했어.

Ben 4 aydır Çinceyi öğreniyorum/öğreneceğim. 나는 4개월 동안 중국어를 배우고 있다/배울 것이다.

Mehmet 3 yıldır Kore'de kalıyormuş/kalacakmış. 메흐멧은 3년 동안 한국에서 머물고 있대/머물 거래.

5 saattir ödev yapıyorum/yapacağım. 5시간 동안 과제 하고 있어/과제 할 거야.

◆ 서수

숫자에 ı / i / u / ü 모음조화에 따라 -(ı)ncı / -(i)nci / -(u)ncu / -(ü)ncü를 붙여주면 첫 번째(첫째), 두 번째(둘째), 세 번째(셋째) 등과 같이 서수를 나타낼 수 있다. 여기서 자음조화가 적용되는 숫자는 dört(4)뿐이다.

순서		순서	
1번째	birinci	51번째	elli birinci
2번째	ikinci	55번째	elli beşinci
3번째	üçüncü	60번째	altmışıncı
4번째	dördüncü	61번째	altmış birinci
5번째	beşinci	65번째	altmış beşinci
6번째	altıncı	70번째	yetmişinci
7번째	yedinci	71번째	yetmiş birinci
8번째	sekizinci	75번째	yetmiş beşinci
9번째	dokuzuncu	80번째	sekseninci
10번째	onuncu	81번째	seksen birinci
11번째	on birinci	85번째	seksen beşinci
15번째	on beşinci	90번째	doksanıncı
20번째	yirminci	91번째	doksan birinci
21번째	yirmi birinci	95번째	doksan beşinci
25번째	yirmi beşinci	100번째	yüzüncü
30번째	otuzuncu	111번째	yüz on birinci
31번째	otuz birinci	152번째	yüz elli ikinci
35번째	otuz beşinci	1000번째	bininci

40번째	kırkıncı	1142번째	bin yüz kırk ikinci
41번째	kırk birinci	1364번째	bin üç yüz altmış dördüncü
45번째	kırk beşinci	10.000번째	on bininci
50번째	ellinci	1.000.000번째	yüz bininci

◆ 인사 표현

Afiyet olsun!	식사를 하기 전 '맛있게 드세요'라는 의미로 쓴다. 또는 식사가 끝난 후에도 사용된다.
Elinize sağlık!	당신의 '손에 축복이 있기를!'이라는 뜻으로, 식사를 하는 사람이 식사를 준비한 사람에게 감사의 뜻으로 하는 인사 표현이다.
Sıhhatler olsun!	'당신에게 건강이 있기를!'이라는 의미로, 샤워를 하고 난 사람에게, 혹은 미용이나 이발을 하고 난 사람에게 쓰는 표현이다.
Hayırlı olsun!	'축복합니다!', '당신에게 행운이 있기를!'이라는 의미로, 상대를 축하하고 축복할 때 쓰는 표현이다.
İyi şanslar!	'행운을 빕니다'라는 의미로, 중대한 일이나 시험 등을 앞둔 사람에게 행운을 빌어주는 표현이다. şans는 '운, 행운'이라는 뜻을 가진 단어이다.
Kolay gelsin!	'수고하세요', '수고하십니다'라는 의미로, 무언가 일을 하고 있는 사람에게 수고하라는 의미로 사용된다.
Geçmiş olsun!	'빨리 나으세요!', '(좋지 않은 일들이) 지나가기를!'이라는 의미를 가진 표현으로, 주로 아픈 사람에게 쓰인다. 혹은 어려운 일을 당하거나 힘든 상황에 처한 사람에게 사용되기도 한다.
Başınız sağ olsun.	'유감입니다.'라는 표현으로, 장례식 등에서 유가족들에게 쓰이는 표현이다.

◆ 방향 지시어

각각의 방향어들은 인칭어미와도 함께 쓰인다. 즉 '(나의) 위쪽', '(나의) 왼쪽', '(나의) 앞'과 같이 쓰일 수 있다. 또한 '방향'을 의미하는 단어 araf와도 함께 쓰여 '동쪽 방향', '오른쪽 방향', '뒤쪽 방향' 등으로도 표현이 가능하다.

(1) 동서남북

동	doğu	동쪽 방향	doğu tarafı
서	batı	서쪽 방향	batı tarafı
남	güney	남쪽 방향	güney tarafı
북	kuzey	북쪽 방향	kuzey tarafı

(2) 상하좌우

상	üst	(나의) 위쪽	üstüm
하	alt	(나의) 아래쪽	altım
좌	sol	(나의) 왼쪽	solum
우	sağ	(나의) 오른쪽	sağım

(3) 앞, 뒤, 옆

앞	ön	(나의) 앞쪽	önüm
뒤	arka	(나의) 뒤쪽	arkam
옆	yan	(나의) 옆쪽	yanım

◆ 인칭대명사와 후치사

터키어의 주요 후치사로는 -gibi(~처럼, ~같이), -kadar(~만큼, ~까지), -için(~를 위해, ~에 있어), -ile(~와) 등이 있다. 이 후치사들이 인칭대명사와 함께 쓰일 때에는 인칭대명사가 소유격으로 바뀐다. 단, 주어가 onlar(그들, 그녀들)일 때는 소유격 형태로 바뀌지 않고 그대로 onlar가 쓰인다. 만약 이 후치사들이 인칭대명사가 아닌 일반 명사 뒤에 쓰일 때에는 일반 명사가 소유격으로 바뀌지 않는다.

-gibi ~처럼,~같이	-kadar ~만큼,~까지	-için ~를 위해,~에 있어	-ile ~와
Benim gibi 나처럼	Benim kadar 나만큼	Benim için 나를 위해, 나에 있어	Benimle 나와
Bizim gibi 우리처럼	Bizim kadar 우리만큼	Bizim için 우리를 위해, 우리에 있어	Bizimle 우리와
Senin gibi 당신처럼	Senin kadar 당신만큼	Senin için 당신을 위해, 당신에 있어	Seninle 당신
Sizin gibi 당신들처럼	Sizin kadar 당신들만큼	Sizin için 당신들을 위해, 당신들에 있어	Sizinle 당신들과
Onun gibi 그처럼	Onun kadar 그만큼	Onun için 그를 위해, 그에 있어	Onunla 그와
Onlar gibi 그들처럼	Onlar kadar 그들만큼	Onlar için 그들을 위해, 그들에 있어	Onlarla 그들과
Öğretmen gibi 선생님처럼	Öğretmen kadar 선생님만큼	Öğretmen için 선생님을 위해, 선생님에 있어	Öğretmenle 선생님과

* 후치사 -ile는 인칭대명사 뒤에 a / e 모음조화에 따라 la / le의 형태로 바로 붙어 사용되고, 수단을 나타낼 때도 -ile를 쓴다.

uçakla 비행기로   otobüsle 버스로

bilgisayarla 컴퓨터로   kitapla 책으로

◆ 필요형의 용법

'~해야 한다'를 나타내는 필요형에는 여러 가지 쓰임이 있다. 단순히 '~해야 한다'뿐만 아니라 보다 더 강제적인 뉘앙스를 갖는 '~해야만 한다', '~해야 할 상황에 처했다' 등 다양한 쓰임이 있다.

(1) ~해야만 한다

동사 원형을 그대로 써주고, zorunda(~해야만 한다)라는 단어와 인칭어미를 붙여주면 된다.

Ben bunu yapmak zorundayım. 나는 이것을 해야만 한다.

Biz bunu yapmak zorundayız. 우리는 이것을 해야만 한다.

Sen bunu yapmak zorundasın. 당신은 이것을 해야만 한다.

Siz bunu yapmak zorundasınız. 당신들은 이것을 해야만 한다.

O bunu yapmak zorunda. 그 이것을 해야만 한다.

Onlar bunu yapmak zorundalar. 그들은 이것을 해야만 한다.

(2) ~해야 할 상황에 처했다

[동사 원형+zorunda]에 [kalmak(머물다, 처하다)+인칭어미]를 붙여준다. 여기서, kalmak은 과거시제, 현재시제, 미래시제, 초월시제 등으로 다양하게 사용될 수 있다.

Ben bunu yapmak zorunda kaldım. 나는 이것을 해야만 할 상황에 처했다.

Biz bunu yapmak zorunda kaldık. 우리는 이것을 해야만 할 상황에 처했다.

Sen bunu yapmak zorunda kaldın. 당신은 이것을 해야만 할 상황에 처했다.

Siz bunu yapmak zorunda kaldınız. 당신들은 이것을 해야만 할 상황에 처했다.

O bunu yapmak zorunda kaldı. 그는 이것을 해야만 할 상황에 처했다.

Onlar bunu yapmak zorunda kaldılar. 그들은 이것을 해야만 할 상황에 처했다.

◆ 부분을 강조하는 부분 의문문

문장 내에서 강조하고 싶은 부분 바로 뒤에 의문형 어미 mı / mi / mu / mü를 붙여주면 부분 의문문이 된다.

Sen dün Seongjunla kütüphaneye gittin mi?　일반문 : 너 어제 성준이랑 도서관에 갔니?

Sen mi dün Seongjunla kütüphaneye gittin?　'너'를 강조

Sen dün mü Seongjunla kütüphaneye gittin?　'어제'를 강조

Sen dün Seongjunla mı kütüphaneye gittin?　'성준이랑'을 강조

Sen dün Seongjunla kütüphaneye mi gittin?　'도서관에'를 강조

◆ dir / dır / dur / dür의 용법

(1) 서술의 용법

명확한 사실이나 진리 등을 서술할 때 '~입니다'라는 서술격 조사로 사용된다.

Diller arasında Çince en zordur. 언어들 가운데 중국어가 가장 어렵습니다.

O öğrencidir. 그는 학생입니다.

Deniz doktordur. 데니즈는 의사입니다.

⑵ 추측의 용법

정확하지 않거나 확신할 수 없는 상황에서 추측의 의미를 나타낼 때 사용된다. 과거시제, 현재시제, 미래
시제와도 결합이 가능한데, 과거시제를 나타내기 위해서는 -mış / -miş / -muş / -müş와 함께 쓰인다.

O dün okula gelmiştir. 그는 어제 학교에 왔을 거야.

O şimdi okula geliyordur. 그는 지금 학교에 오고 있을 거야.

O yarın okula gelecektir. 그는 내일 학교에 올 거야.

◆ 터키어의 존댓말

터키어에는 한국어와 같이 반말과 높임말의 구분이 명확하지 않다. 때문에 한국어의 경우처럼 아랫사람
과 윗사람에게 사용되는 단어가 전혀 달라진다거나 문법적인 구분이 존재하지 않고, 윗사람에게 존댓말
을 쓰기 위해서는 단순히 인칭대명사나 인칭어미를 siz(당신/당신들)에 맞춰주면 된다.

Nasılsın? 어떻게 지내? (친구나 아랫사람에게)

Nasılsınız? 어떻게 지내세요? (윗사람에게)

Yemek yedin mi? 밥 먹었니? (친구나 아랫사람에게)

Yemek yediniz mi? 식사 하셨어요? (윗사람에게)

Bunu Deniz'e verebilir misin? 이것을 데니즈에게 줄 수 있니? (친구나 아랫사람에게)

Bunu Deniz'e verebilir misiniz? 이것을 데니즈에게 주실 수 있으세요? (윗사람에게)

◆ ~할수록

'~할수록'을 나타내는 표현은, 동사 어간에 -dıkça / -dikçe / -dukça / -dükçe를 붙여주면 된다. 단어의
마지막 자음이 센소리 ç / f / h / k / p / s / ş / t일 때는 -tıkça / tikçe / tukça / tükçe를 붙여준다.

ders çalıştıkça 공부할수록   yemek yedikçe 음식을 먹을수록

okula gittikçe 학교에 갈수록   kitap okudukça 책을 읽을수록

futbol oynadıkça 축구를 할수록

◆ ~하는 것은 아니다, ~하지 않은 것은 아니다

'~하는 것은 아니다, ~하지 않은 것은 아니다'라는 표현은, 이것도 아니고 저것도 아닌 경우에 사용된다.
'~이 아니다'를 의미하는 단어 değil을 사용하여 표현한다.

Ben seni seviyor değilim. 내가 너를 사랑하는 것은 아니다. (사랑하는 것도, 사랑하지 않는 것도 아니다)

O bunu istiyor değil. 그가 이것을 원하는 것은 아니다. (원하는 것도, 원하지 않는 것도 아니다)

Sen ödevi bitirmiyor değilsin. 네가 숙제를 끝내지 않은 것은 아니다. (끝낸 것도, 끝내지 않은 것도 아니다)

◆ ne A ~ ne de B, hem A ~ hem de B, ya A ~ ya da B

(1) ne A ~ ne de B

부정문에 사용되며 'A도 아니고 B도 아니다'라는 의미로 사용된다. 이때 'ne A~ ne de B' 구문에 쓰이는 동사는 부정형이 아닌 긍정형이 쓰여야 한다.

Ben ne seni ne de onu seviyorum. 나는 너도 그도 사랑하지 않아.

Ben ne Kore'ye ne de Türkiye'ye gitmek istiyorum. 나는 한국에도 튀르키예에도 가고 싶지 않아.

O ne İngilizce ne de Türkçe konuşabilir. 그는 영어도 터키어도 할 수 없다.

Sen ne bunu ne de şunu yaptın. 너는 이것도 저것도 하지 않았다.

Onlar ne çalışkan ne de akıllılar. 그들은 부지런하지도 똑똑하지도 않다.

(2) hem A ~ hem de B

'~A뿐만 아니라 B도'라는 의미로 사용된다.

Ben bugün hem okula hem de kütüphaneye gideceğim.
나는 오늘 학교뿐만 아니라 도서관에도 갈 거야.

O bugünlerde hem Türkçeyi hem de İngilizceyi öğreniyormuş.
그는 요즘 터키어뿐만 아니라 영어도 배우고 있대.

Sen hem Kore'ye hem de Türkiye'ye gitmek istiyorsun.
너는 한국뿐만 아니라 튀르키예에도 가고 싶어 한다.

Biz burada hem kebap hem de pilav yiyeceğiz.
우리는 여기서 케밥뿐만 아니라 필라브도 먹을 거야.

Onlar dün hem ödevi hem de işi bitirdiler.
그들은 어제 숙제뿐만 아니라 일도 끝냈다.

(3) ya A ~ ya da B

'A 아니면 B'의 의미로 사용된다.

Sen dünkü partide ya hediye ya da mektup hazırlamalıydın.
너는 어제의 파티에서 선물 아니면 편지를 준비했어야 했어.

Ben bugün ya okula ya da kütüphaneye gitmeliydim.

나는 오늘 학교 아니면 도서관에 가야 했어.

O ya öğretmen ya da doktordur.

그는 선생님 아니면 의사일 거야.

Siz bu tatilde ya gitar çalmayı ya da Koreceyi öğrenin.

당신들은 이번 휴가 때 기타 치는 것 아니면 한국어를 배우세요.

Biz yarın ya film ya da televizyon izleyelim.

우리 내일 영화 아니면 텔레비전 보자.

◆ 명사의 형용사화

터키어 문법에는 일반 명사를 형용사로 만들기 위한 어미가 존재하고 있어서 간단한 규칙으로 명사를 형용사화 시킬 수 있다. 일반 명사에 1 / i / u / ü 모음조화에 따라 '-lı, -li, -lu, -lü'를 붙여주면 된다.

ateş 열	→	ateşli 열이 있는
çikolata 초콜릿	→	çikolatalı 초콜릿 맛의
çanta 가방	→	çantalı 가방이 있는, 가방이 달린
çilek 딸기	→	çilekli 딸기 맛의
şapka 모자	→	şapkalı 모자가 있는, 모자가 달린

◆ 동사의 명사화

11과에 실린 동사의 형용사적 용법은 특정한 어미를 사용하여 문장 내에서 동사가 형용사처럼 쓰일 수 있음을 설명하고 있다. 이때, 동사는 형용사뿐만 아니라 명사로서도 기능할 수 있는데, 활용되는 어미는 형용사화 어미와 동일하고 뒤에 각종 후치사들을 붙여주면 의미가 더해진다.

Senin Türkiye'ye gittiğine göre　네가 튀르키예에 간 것에 의하면

Sen Türkiye'ye gittiğinden beri　네가 튀르키예에 간 이래로

Senin Türkçe öğrendiğin gibi　네가 터키어를 배운 것과 같이(배운 것처럼)

Senin Türkçe konuştuğun kadar　네가 터키어를 하는 것만큼

Sen Türkiye'ye gittiğin halde　네가 튀르키예에 갔음에도 불구하고

A

-a[e] ait olmak ~에 속하다
abartmak 부풀리다, 오버하다
abla 언니, 누나
abone olmak 구독하다
acaba 혹시
acayip 기괴한, 묘한
acele 급한
acele etmek 서두르다
acemi 초보의
acı 고통, 아픔
acıkmak 배고프다
açmak 열다
ad 이름
ada 섬
adalet 정의
adam 남자, 사람
adres 주소
aferin 잘했어, 브라보
affetmek 용서하다
afiş 포스터, 전단지
ağabey 오빠, 형
ağaç 나무
ağlamak 울다
ağrımak 아프다
ağustos 8월
aile 가족
ajanda 다이어리
ak 흰, 하얀
Akdeniz 지중해
akciğer 폐
akıllı 똑똑한
akraba 친척
akşam 저녁, 오후
alaka 관련
alçak 낮은
alçak gönüllü 겸손한
alışmak 적응하다
Allah 신
almak 받다, 사다
Almanya 독일
Almanca 독일어
ama 그러나, 하지만
amaç 목적

amca (외)삼촌, 아저씨
ameliyat 수술
ana 엄마, 주요한
ana dili 모국어
anahtar 열쇠
Ankara 앙카라(튀르키예의 수도)
anlamak 이해하다
anlatmak 설명하다
anne 엄마, 어머니
anneanne 외할머니
ara 사이
araba 자동차
araç 수단
aramak 찾다, 전화 걸다
aralık 12월
arkadaş 친구
aşk 사랑, 애인
asansör 엘리베이터
asgari 최소의
asıl 사실의
at (동물) 말
atmak 던지다, 버리다
ateş 열, 불꽃
avantaj 이점
Avrupa 유럽
avuç 줌(한 줌, 두 줌…)
ay 달, 개월
ayak 발
ayakkabı 신발
ayı 곰
az 적은
azalmak 감소하다, 줄어들다
azarlamak 나무라다, 혼내다

B

baba 아빠, 아버지
babaanne 친할머니
bacak 다리
badem 아몬드
bağ 연결, 고리
bağımsızlık 해방, 독립
bağırmak 소리치다
bahane 변명

bahçe 정원
-dan[den] bahsetmek 언급하다
-a[e] bakmak 보다
bakkal 식료품점
bal 꿀
balık 생선
balık tutmak 낚시하다
banka 은행
banyo 욕실
banyo yapmak 샤워하다
barış 평화
basit 단순한, 기본의
basmak 밟다, 누르다
baş 머리, 처음
başka 다른
-a[e] başlamak 시작하다
batı 서쪽
batmak 가라앉다
bavul 캐리어
bayan 여성
bazı 몇몇, 몇몇의
bebek 아기
beceri 능력
bedava 무료의
beden 몸, 신체
bence 내 생각에
bencil 이기적인
beğenmek 좋아하다
beklemek 기다리다
benzemek 닮다
beslemek 기르다, 양육하다
bey ~씨(남성에게 사용)
beyaz 흰, 하얀
beraber 함께, 같이
bilgi 지식
bilet 표
bilmek 알다
binmek 타다
biraz 조금
bitmek 끝나다
bitirmek 끝내다
bozmak 깨뜨리다, 망치다
boğaz 목구멍
bugün 오늘
bugünlerde 요즘, 요즘에

büyük 큰
bütün 모든

cadde 거리
cam 유리
cami 사원
can 생명, 마음
cehennem 지옥
ceket 자켓
cenaze 장례식
cennet 천국
cep 주머니
cep telefonu 휴대폰
cesaret 용기
cevap 답, 답장
cevaplamak 답하다
ceviz 호두
ceza 벌
ciddi 진지한
ciğer 간
cihaz 기계, 기기
cilt 피부
cimri 인색한
cin 유령, 귀신
cinsiyet 성별
civciv 병아리
coğrafi 지리적인
cuma 금요일
cumartesi 토요일
cumhurbaşkanı 대통령
cumhuriyet 공화국
cübbe 졸업 가운
cümle 문장
cüzdan 지갑

çaba 노력
çabuk 빨리
çadır 텐트
çağ 시대

çağırmak 부르다
çakmak 라이터
çalmak (악기를) 연주하다, 훔치다
çalınmak 도둑맞다
çalışkan 부지런한
çalışmak 일하다, 공부하다
çamaşır 빨래
çamur 진흙
çanta 가방
çare 방법, 수단
çarşamba 수요일
çatal 포크
çay (마시는) 차
çene 턱
çerçeve 틀, 구조
çeşitli 다양한
çevirmek 번역하다
çeyiz (신부의) 예물
çıkış 출구
çiçek 꽃
çift 쌍, 부부
çiğ 날것의, 익히지 않은
çikolata 초콜릿
çilek 딸기
Çin 중국
Çince 중국어
Çinli 중국인
çizmek 그리다
çocuk 아이, 어린이
çoğalmak 증가하다, 늘어나다
çok 아주, 많이, 매우
çorba (튀르키예식) 국, 수프
çöp 쓰레기
çubuk 젓가락
çünkü 왜냐하면
çürümek 썩다, 부패하다

dağ 산
dağıtmak 나눠주다, 배포하다
daha 더, 아직
dahi 천재
daima 항상

daire 사무실
dakika (시간의) 분
damar 혈관
damat 신랑
damga 도장
damla 물방울
dana 송아지
danışmak 상담하다
dans etmek 춤추다
dar 좁은, 꽉 끼는
davetiye 청첩장
davranmak 행동하다
dede 할아버지
dedikodu 뒷담화
defa (횟수를 나타내는) 번
defter 노트, 공책
değer 가치
değerlendirmek 평가하다
değil ~이 아니다
değişmek 바뀌다
demek 말하다
demin 방금, 조금 전에
demir 철
denemek 시도하다, 도전하다
deniz 바다
deprem 지진
derece 정도, (기온을 나타내는) 도
dergi 잡지
ders 수업, 공부
ders çalışmak 공부하다
deterjan 세제
dev 큰
devam etmek 계속하다
deve 낙타
devirmek 뒤집다
devlet 정부
dış 밖, 외
diğer 다른
dikkat 주의
dil 언어, 혀
din 종교
dinlemek 듣다
dinlenmek 쉬다
dilek 바람, 소원
dilemek 바라다

diploma 학위

diş 이, 이빨

diye ~라고

dizi 드라마

doçent 시간강사

doğal 자연의

doğmak 태어나다

doğu 동쪽

doğru 맞는

doktor 의사

doktora 박사

-a[e] dokunmak 만지다

dolandırmak 속이다

dolaşmak 돌아다니다, 여행하다

domates 토마토

domuz 돼지

dost 친구

dosya 서류

doymak 배부르다

dönem 학기, 기간

dönmek 돌아가다

dövmek 때리다

dua 기도

dudak 입술

duman 연기

durmak 멈추다

duymak 듣다

duş almak 샤워하다

düğün 결혼식

dün 어제

dürüst 정직한

düş 환상, 꿈

düşman 적

düşünmek 생각하다

düzeltmek 고치다, 수정하다

düzey 등급

E

eczane 약국

edebiyat 문학

edinmek 얻다

eğer 만약, 가령

eğitim 교육

ehliyet 운전면허증

ekim 10월

ekmek 빵

el 손

elbise 옷, 원피스

elma 사과

elmas 다이아몬드

emeklemek 기다, 기어다니다

emin olmak 확신하다

emir 명령

en 가장

endişelenmek 염려하다, 걱정하다

enteresan 재미있는

erkek 남자

erken 일찍

ergenlik 사춘기

eski 예전, 옛날

esmek (바람 등이) 불다

et 고기

etki 영향, 효과

ev 집

evet 네(영어의 yes)

evlat 자녀, 자식

evlenmek 결혼하다

eylül 9월

F

fabrika 공장

faiz 이자

fakat 그러나, 하지만

fakir 가난한

fare 쥐

farklı 다른

fatura 영수증, 고지서

faydalı 이익이 있는, 이득이 있는

fazla 과한, 넘치는

felsefe 철학

fena 이상한, 좋지 않은

fırın 화덕, 빵집

fırsat 기회

fiil 동사

fincan 찻잔

fiyat 요금, 금액

fotoğraf 사진
fotoğraf makinesi 카메라, 사진기
Fransa 프랑스
Fransızca 프랑스어

G

gaga 부리
galiba 아무래도
gamze 보조개
garip 이상한, 괴상한
garson (식당의) 종업원, 웨이터, 웨이트리스
gazete 신문
gece 밤
geç 늦은
geçmek 지나다
gelecek 미래, 앞날
gelenek 전통
gelin 신부
gelinlik 웨딩드레스
gelişmek 발전하다
gelmek 오다
genç 젊은, 젊은이
gene 또, 다시
genel 보통
geniş 넓은
gerçek 사실, 진실
gerek 필요
geveze 수다쟁이
geyik 사슴
gezmek 여행하다
gibi ~처럼, ~같이
girmek 들어가다
gitar çalmak 기타 치다
gitmek 가다
giymek (옷 등을) 입다
gizli 비밀의
göbek 배, 복부
göğüs 가슴
gökyüzü 하늘
göl 호수
gölge 그림자, 그늘
gömlek 와이셔츠
gömmek 묻다

göndermek 보내다
görmek 보다
göstermek 보여주다
götürmek 가져가다
göz (신체) 눈
güç 힘, 기력
gül 장미
gülmek 웃다
gün 일(日), 날
günah 금기
gündüz 낮
güvenmek 믿다, 신뢰하다
güz 가을

H

haber 소식, 뉴스
hafif 가벼운
hafta 주(週)
hakkında ~에 대해서, ~에 관해서
haklı 맞는
hala ①아직 ②고모
hamam 사우나
hamile 임신한
hamur 반죽
hanım ~씨(여성에게 사용)
hapishane 감옥
hapşırık 재채기
hasret 그리움
hassas 민감한
hasta 아픈, 환자
hastane 병원
hata 오류, 잘못
hatırlamak 기억하다
hava 날씨, 공기
hayal 환상, 꿈
hayat 삶, 인생
haydi 자, 어서
hayır 아니요(영어의 no)
hayvan 동물
haziran 6월
hazırlamak 준비하다
heba etmek 낭비하다
herhangi 그 어떤

hesap 계산, 계좌
heyecanlı 떨리는, 긴장된, 흥분된
hıçkırık 딸꾹질
hırsız 도둑
hızlı 빠른
hiç 전혀(부정문에서 사용)
hikaye 이야기
hissetmek 느끼다
hobi 취미
hoca 선생님
-dan[den] hoşlanmak 좋아하다
hücre 세포
hükümet 정부

ılık 미지근한
Irak 이라크
ısırmak 물다
ıslak 젖은
ıspanak 시금치
ısmarlamak 대접하다, 한턱내다
ışık 빛
ızgara 석쇠, 석쇠 요리

iç 안, 내부
içmek 마시다
ifade etmek 표현하다
iğne 주사, 바늘
ihtimal 가능성
ihtiyaç 필요
ikamet 거주증
ikiz 쌍둥이
ilaç 약
ile ~와
iletişim 소통
ilkbahar 봄
imkansız 불가능한
inanç 믿음
inanmak 믿다
ince 얇은, 가느다란

İngilizce 영어
insan 사람, 인간
İstanbul 이스탄불(튀르키예의 최대 도시)
istemek 바라다, 원하다
ip 줄, 끈
iyi 좋은
izin 허가, 승인
izlemek 시청하다

Japon 일본인
Japonya 일본
Japonca 일본어
jet 제트기

kaba 무례한, 예의 없는
kabak 호박
kaç (의문사) 몇
kaçmak 도망치다
kafa 머리
kağıt 종이
kahraman 영웅, 주인공
kahve 커피
kalabalık 복잡한
kalem 볼펜
kalmak 머무르다, 남다
kan 피
kanal 채널
kanat 날개
kapak 뚜껑
kapalı 닫힌
kapı 문
kar 눈(雪)
karanlık 어두운
karpuz 수박
kas 근육
kasap 정육점
kasım 11월
kaş 눈썹
kat 층

kaya 바위
kaybetmek 잃다
kavga etmek 싸우다
kabap 케밥(튀르키예 음식)
kedi 고양이
kelebek 나비
kelime 단어
kemik 뼈
kesmek 자르다, 절단하다
keşke 바라건대
kış 겨울
kibar 공손한, 예의 바른
kim (의문사) 누구
kişi (사람을 세는 단위) 명
kitap 책
kivi 키위
koca 남편
kocaman 큰, 커다란
kol 팔
kolay 쉬운
komşu 이웃
Kore 대한민국
Korece 한국어
Koreli 한국인
korkmak 무섭다
koşmak 뛰다
köpek 개
köprü 다리
kök 뿌리
köy 시골
kuzey 북쪽
küçük 작은

lahana 양배추
lale 튤립(튀르키예의 국화)
lastik 타이어
lazım 필요
lehçe 방언
lezzetli 맛있는
limon 레몬
lira 리라(튀르키예 화폐)
lise 고등학교

lokanta 식당, 레스토랑
lüks 화려한
lütfen 제발, 부디

M

mmaaş 급여, 수입
mağara 동굴
mahalle 마을, 동네
makas 가위
makine 기계
mandalina (과일) 귤
mantar 버섯
mantık 논리
manzara 풍경/경치
mart 3월
masa 책상
matematik 수학
mavi 파랑
mayıs 5월
maymun 원숭이
mektup 편지
melek 천사
memleket 고향
mendil 티슈
merak etmek 궁금하다, 걱정하다
mesafe 거리
mesai saati 근무시간
mesela 예를 들면
meslek 직업
meşgul 바쁜
mevsim 계절
meyve 과일
mezar 무덤
mezun olmak 졸업하다
mısır 옥수수
mide 위(胃)
millet 국민, 민족
misafir 손님
moda 유행
mor 보라
muhabir 기자
mum 양초
mutluluk 행복

müdür 사장
mülakat 면접
mümkün 가능한
müze 박물관
müzik dinlemek 음악을 듣다

nadir 극히 적은, 아주 적은
nakit 현금
nasıl (의문사) 어떻게
nazik 친절한
ne (의문사) 무엇
neden (의문사) 왜
nefes 숨, 호흡
-dan[den] nefret etmek 싫어하다
nehir 강(江)
neredeyse 거의
neyse 어쨌든
nisan 4월
niyet 의지, 의도
nokta 점
normal 보통
not almak 학점이나 점수를 얻다
numara 번호
nüfus 인구

ocak 1월
oda 방
odaklanmak 집중하다
ofis 사무실
oğul 아들
ok 활
okul 학교
okumak 읽다, 공부하다, 전공하다
olay 사건, 일
olmak 되다
omuz 어깨
oran 비율
ot 풀, 잔디
otel 호텔

otobüs 버스
otogar 버스터미널
oy kullanmak 투표하다
oynamak 놀다, 게임하다
oyun 놀이, 게임

ödemek 지불하다, 갚다
ödev 과제, 숙제
ödül 상(賞)
öfke 화, 분노
öğle 점심, 정오
öğrenci 학생
öğrenmek 배우다
öğretmek 가르치다
öğretmen 선생님, 교사
öksürmek 기침하다
ölçmek 재다, 측정하다
ölçüt 기준
ölmek 죽다
ömür 삶, 생애
ön 앞
ön yargı 편견
önce ~전에
önemli 중요한
öpmek 입맞추다
ördek 오리
övmek 자랑하다, 칭찬하다
öykü 이야기
özel 특별한

pahalı 비싼
pamuk 솜
pantolon 바지
papağan 앵무새
para 돈
park 공원
parmak 손가락
parti 파티, 정당
pasaport 여권

pasta 케이크
patates 감자
patlamak 터지다
patlıcan (채소) 가지
patron 사장
paylaşmak 나누다, 공유하다
pazar 시장, 일요일
pazartesi 월요일
pembe 분홍, 핑크
pencere 창문
perşembe 목요일
pes etmek 포기하다
petrol 기름, 석유
peynir 치즈
piknik 소풍
pilav (튀르키예식) 밥
pipet 빨대
pis 더러운, 지저분한
pişman olmak 후회되다
piyango 복권
polis 경찰
puan 점수
pul 우표

R

radyo 라디오
rahat 편안한
ramazan 라마단(이슬람 명절)
randevu almak 예약하다
reddetmek 거절하다
rekabet etmek 경쟁하다
reklam 광고
renk 색, 색깔
resim 그림, 사진
roman 소설
ruh 영혼
Rus 러시아
Rusyalı 러시아인
Rusça 러시아어
rüya 꿈
rüzgar 바람

S

saat 시간, 시계
sabah 아침
saç 머리카락
sağ 오른쪽
sağlık 건강
sahip 주인
sakal 수염
sakın 절대, 결코(부정문에서 쓰임)
sakız 껌
saldırmak 공격하다
salı 화요일
samimi 친밀한, 친근한
sanat 예술
sandalye 의자
sanmak 가정하다
saray 성, 궁
satmak 팔다
savaş 전쟁
sayı 숫자
sayfa 페이지, 쪽
sebep 이유, 까닭
seçmek 선택하다
sel 홍수
selam söylemek 안부를 묻다
sene 해, 년(年)
sepet 바구니
serbest 자유로운
sergilemek 전시하다
serin 시원한, 서늘한
sert 센, 강한, 딱딱한
ses 소리
seslemek 소리 내다, 부르다
sevgi 사랑
sevmek 사랑하다
seyretmek 시청하다
sıcak 더운, 뜨거운
sigara 담배
sonbahar 가을
sormak 묻다, 질문하다
sözlük 사전
süt 우유

S

şair 시인
şaka 농담
şapka 모자
şampuan 샴푸
şans 행운
şarap 포도주
şarj 배터리
şarkı 노래
şarkıcı 가수
şart 조건
şaşırmak 놀라다
şaşkın 놀라운
şeftali 복숭아
şehir 도시
şeker 설탕
şemsiye 우산
şerefe 건배
şey 것
şeytan 악마
şiddetli 강한
şifre 비밀번호
şiir 시(詩)
şikayet etmek 항의하다, 불평하다
şimdi 지금
şimşek 번개
şirket 회사
şişman 뚱뚱한
şoför 운전기사
şubat 2월

T

tabak 접시
tabii 물론
takım 팀
takmak 걸다, 차다
takip etmek 따라가다
tamam 알았어요(영어의 OK)
tamamen 완전히
tane (물건을 세는 단위) 개
tanımak (사람을) 알다
tanıtmak 소개하다

taraf 방향
tarak 빗
tarih 역사
taş 돌
tat 맛
tatil 휴가, 방학
tatlı 달콤한
tavuk 닭
taze 신선한
tedavi 치료
tedirgin 긴장한
tehlikeli 위험한
telaffuz 발음
telefon 전화
tembel 게으른, 나태한
temel 기초
temmuz 7월
tepe 언덕, 꼭대기
tepki 반응
tesadüf 우연
tez 논문
tıp 의학
ticaret 무역, 거래
tilki 여우
titremek 떨다
tiyatro 극장
tohum 씨앗
tok 배부른
ton balığı 참치
top 공
toplam 총, 합
torun 손주
tuhaf 이상한
turist 여행객
tutmak 잡다
tuvalet 화장실
tuz 소금
Türk 튀르키예인
Türkiye 튀르키예
Türkçe 터키어
tüy 털

U

ucuz (값이) 싼
uçak 비행기
uçmak 날다
ufak 작은, 사소한
uğramak 들르다
uğur 행운
ukala 잘난 체하는
ulaşmak 도착하다, 다다르다
ummak 바라다
unutmak 잊다
usanmak 질리다, 지겨워지다
usta 전문가, 장인
utanmak 부끄럽다
uyanmak 깨다, 일어나다
uyarmak 일깨우다
uygun 적절한, 적당한
uyku 잠
uzak (거리가) 먼
uzaklaşmak 멀어지다
uzun (길이가) 긴

Ü

ücret 요금, 금액
ücretsiz 무료의
ülke 나라, 국가
üniversite 대학교
ünlü 유명한, 모음
ünsüz 자음
üretim 생산
ürün 생산품
üst 위쪽
ütü 다리미
üye 회원
üzgün 슬픈, 안타까운
üzüm 포도

V

vahşi 사나운
vakit 시간
valiz 캐리어

vapur 증기선
var 있다
varlık 존재
varmak 도착하다, 도달하다
vazgeçmek 포기하다, 단념하다
vazife 책임, 의무
ve 그리고
vefat etmek 운명하다, 죽다
vergi 세금
vermek 주다
veya 또는
vicdan 양심
vize 비자, 중간고사
vurmak 때리다
vücut 몸, 신체

Y

yabancı 외국인
yabancı dil 외국어
yağ 기름
yağmur 비
yağmak (눈이나 비가) 내리다
yakın 가까운
yalan 거짓말
yalnız 혼자
yan 옆
yangın 불, 화재
yani 즉, 그러니까
yanlış 잘못된, 틀린
yapay 인공의, 가공의
yapı 구조
yapmak 하다
yaprak 잎
yara 상처, 부상
yaratmak 창조하다
yardım etmek 도와주다
yarın 내일
yasak 불법
yasal 합법
yaş 나이
yaşam 삶, 생활
yaşamak 살다
yaşlı 늙은, 늙은이

yatak 침대
yatmak 자다
yavaş 천천히
yaz 여름
yazar 작가
yazmak 쓰다
yazı 글
yeğen 조카
yemek 음식, 먹다
yengeç 꽃게
yeni 새로운
yer 자리
yeşil 초록
yeterli 충분한
yıkamak 씻다, 닦다
yıl 해, 년(年)
yılan 뱀
yıldız 별
yok 없다
yoksa 아니면
yokuş 오르막길
yol 길
yola çıkmak 출발하다
yorgan 이불
yorgun 피곤한
yöntem 방법
yumurta 계란
Yunanca 그리스어
Yunanistan 그리스
Yunanistanlı 그리스인
yurt 기숙사
yurt dışı 국외
yurt içi 국내
yutmak 삼키다
yük 짐
yüksek 높은
yürek 마음, 심장
yürümek 걷다
yüz 얼굴
yüzmek 수영하다

Z

zafer 승리
zahmet vermek 폐를 끼치다
zalim 잔인한
zennetmek 가정하다
zaman 시간, 때
zar zor 가까스로, 겨우
zararlı 해로운
zaten 이미, 어차피
zavallı 가엾은
zayıf 날씬한, 마른
zehir 독
zengin 부자
zevk 즐거움
zeytin 올리브
zil 벨, 초인종
ziyaret etmek 방문하다
zor 어려운
zorla 억지로
zorunlu 필수의

MEMO